C.H.BECK WISSEN

Repräsentiert Schloss Neuschwanstein die steingewordenen Mittelalterträume des bayerischen Königs Ludwig II., so entspricht das Märchenschloss im kalifornischen Disneyland eher den Kinderträumen von einer Burg – oder wenigstens dem, was umtriebige Geschäftsleute an Stelle dessen vermarkten. Das Mittelalter boomt seit 200 Jahren und hat bis heute einen lebhaften Burgentourismus hervorgebracht, der wahre Besucherströme auf die eindrucksvollen Baudenkmäler der Vergangenheit lenkt. Dort aber werden die Wissbegierigen oft genug nur mit ein paar wehrtechnischen Details und einer Folterkammer abgespeist. Dabei bieten Burgen tatsächlich so viel Spannendes zu entdecken und zu wissen! Beispielsweise: Wer hatte überhaupt das Recht, Burgen zu bauen? In welchen Landschaften errichtete man Burgen? Was kostete eine Burg, und wie lange hat man daran gebaut? Wer lebte wie auf einer Burg? Was für Funktionen hatte eine Burg, wenn – wie meist – kein Krieg und keine Fehde herrschte? Worin unterschieden sich Burgen zu verschiedenen Zeiten voneinander – im Früh-, Hoch- und Spätmittelalter – und wann wurde die Burg zum Schloss? Diese und viele weitere Fragen beantwortet Joachim Zeune in dem vorliegenden Band, und er korrigiert die zwölf schlimmsten Irrtümer über Burgen.

Dr. Joachim Zeune – Mittelalterarchäologe, Historiker und Burgenforscher – leitet das einzige Büro für Burgenforschung in ganz Europa und ist ein gesuchter Spezialist für Fragen der Archäologie, Bauforschung, Sanierung und Erschließung von Burgen.

Joachim Zeune

RITTERBURGEN

Bauwerk, Herrschaft, Kultur

Verlag C. H. Beck

Gewidmet meiner Frau Ruth und meinen Kindern Naemi, Jakob und Elias

Danksagung und Vorbemerkung

Dem Verlag C.H.Beck, vor allem aber meinem Lektor Stefan von der Lahr, gilt mein besonderer Dank nicht nur dafür, dass man mir die Chance gab, dieses Buch zu schreiben, sondern auch für die große Geduld, die Verlag und Lektor dabei bewiesen haben.

Dass der Buchtitel «Ritterburgen» einen historisierenden, inhaltlich problematischen Begriff birgt, ist sowohl dem Autor als auch dem Verlag bewusst. Dass er hier dennoch gewählt wurde, ist allein dem Umstand geschuldet, dass die wissenschaftlich korrekteren Begriffe «Adelsburg» oder «Feudalburg» bislang keine breite Anerkennung gefunden haben, während der geläufige Begriff der «Ritterburg» die Thematik dieses Buches leicht erkennen lässt. Man möge uns dies nachsehen!

Ein ausführliches Literaturverzeichnis des Autors findet sich im Internet unter folgender Adresse http://www.chbeck.de/go/Ritterburgen

Mit 26 Abbildungen

Originalausgabe

Gesamtherstellung: Druckerei C.H.Beck, Nördlingen
Reihengestaltung: Uwe Göbel, München
Umschlagabbildung: Ritterburg in Gebirgslandschaft, Gemälde von Domenico Quaglio (1828). © bpk, Berlin
Printed in Germany
ISBN 978 3 406 66091 7

www.beck.de

Inhalt

I. Hogwarts und Camelot: Unser Leben mit dem Mittelalter

Das Klischee

Die berühmteste Burg der Moderne entstand erst an der Wende vom 20. zum 21. Jahrhundert. Die Autorin Joanne K. Rowling konzipierte sie am Ufer eines dunklen Sees auf der Spitze eines hohen Berges als gewaltiges Schloss mit vielen Zinnen und Türmen: Hogwarts – Harry Potters verwunschene Zauberschule (Abb. 1). Rowling hat sich dabei in ihrem «literarischen Bauplan» aller gängigen Klischees bedient: ein mächtiges Bauwerk mit hohen Mauern und Türmen, voller Erker und Zinnen, mit mehreren Palassen, voll dunkler Korridore, mit geheimen Gängen und düsteren Kellergewölben. Und wie jede «ordentliche» Burg wird auch Hogwarts schließlich belagert, erstürmt und teilweise zerstört. Und nicht anders als im Mittelalter bei den sogenannten Tugendburgen verschanzen sich die Guten dabei in der Burg, von wo aus sie sich der Bösen tapfer erwehren.

Die im 18. Jahrhundert einsetzende Überfrachtung der Burg mit mystischen und schaurigen Elementen, mit dunklen Labyrinthen, Folterkammern, Verliesen und Geheimgängen, machte Burgen, insbesondere Burgruinen, zu perfekten Schauplätzen dramatischer Ereignisse und Inszenierungen. Die schrecklichen Ereignisse in Umberto Ecos grandiosen Roman «Der Name der Rose», der 1980/82 einen ersten Mittelalterboom auslöste und in einem Benediktinerkloster im Apennin spielte, kulminierten schließlich in Brand und Einsturz eines gewaltigen Bibliothekturms von wehrhaftem Äußeren, des *aedificium.* Abseits aller wissenschaftlichen Ansprüche bedienten sich bereits 1946/50 Enid Blyton («Die Burg der Abenteuer»), 1952/54 Norman Dale («Das Schloß des Erfinders») und 1955 Astrid Lindgren («Mio, mein Mio») in ihren vielgelesenen Kinder- und Jugend-

2 – Aggstein. Stark überhöhte Darstellung durch Wolf Huber 1542

romanen düsterer Burggewölbe und Geheimgänge als Spannungselemente.

Neben Romanen bilden Comics ein weiteres wichtiges Transportmittel zur Verbreitung dieses skurrilen Burgenbilds. Herausragende Bedeutung kommt dabei Hal Foster, der ab 1937 beachtliche 44 Jahre lang das Heldenepos um Prince Valiant – «Prinz Eisenherz» – zeichnete, und Hansrudi Wäscher zu, der ab 1953 bzw. 1960 die Ritterserien «Sigurd» und «Falk» schuf. Monströse Steinburgen kennzeichnen das Œuvre beider Künstler, wobei man sich vergegenwärtigen sollte, dass Prinz Eisenherz im 5. Jahrhundert n. Chr. spielt, in den sogenannten *Dark Ages*, in denen Burgen noch aus Erde und Holz bestanden. Die maßlose Überzeichnung der Burgarchitekturen wird geschickt und durchaus beabsichtigt, wie Hal Foster selbst eingestand, als Blickfang eingesetzt, um die Bildinhalte spektakulärer zu gestalten. Neuere Comic-Serien wie «Die Türme von Bos-Maury» von Hermann Hupen ab 1985 zeichnen sich zwar mitunter durch realitätsnahe Burgendarstellungen aus, fallen aber auch gerne in alte Klischees zurück.

Die bewusste Verfälschung der Dimensionen von Burgen hin zu gigantischen, eindrucksvoll gen Himmel aufragenden, mit Zinnen, Erkern und Türmen überfrachteten Bauwerken hat natürlich eine Tradition, die weit über die Moderne zurückreicht.

Schon im 16. Jahrhundert überhöhten Künstler wie Wolf Huber oder Daniel Specklin nach der Natur gezeichnete Burgarchitekturen wie jene der Burgen Aggstein an der Donau (Abb. 2) und Fleckenstein im Elsass, um dadurch ihr Erstaunen über die spektakulären Symbiosen aus Natur und früherem Menschenwerk auszudrücken. Der grafischen Übersteigerung ging Jahrhunderte zuvor, um 1200, die verbale Monumentalisierung von Burgen in den höfischen Epen voraus – dort als erzählerisches Mittel, um die Leser zu fesseln und Handlungshöhepunkte geschickt vorzubereiten. In Hartmann von Aues «Erec» besitzt die Burg Brandigan dreißig Türme aus mächtigen Quadern, in Wolfram von Eschenbachs «Parzival» taucht eine Burg «von unermesslich weitem Umfang» auf, während die mythenumwobene Gralsburg Montsalvasche in ihrer uneinnehmbaren Lage nur dem Wind zugänglich ist, überdies etliche Türme und Palasse aufweist. Die Burg Dodone in Ulrich von Zatzikhofens «Lanzelet» besticht durch vergoldete Quadermauern und einen reich mit Edelsteinen verzierten Palas. Andere Epen beschrieben Burgen mit Mauern und Palassen aus bunten Marmorsteinen, mit Hunderten von prachtvollen Fenstern, mit Mauern aus monströsen Quadern – und schufen so gewaltige Architekturillusionen, die zwischen dem 16. und 19. Jahrhundert begeistert rezipiert wurden.

Der Mittelalter-Boom

Mittelalterveranstaltungen boomen nach wie vor, belebt durch eine mittlerweile schier unüberschaubare Zahl von Reenactment-Akteuren, begleitet von einer geschäftstüchtigen Zubehörindustrie, getragen von Bestsellern wie «Die Säulen der Erde» und «Die Tore der Welt» von Ken Follett oder «Die Wanderhure» von Iny Lorentz. Mit der steten Zunahme an Veranstaltungen ist unübersehbar ein inhaltlicher Qualitätsverlust verbunden, wobei das Mittelalter nicht zuletzt aus kommerziellen Gründen als martialische Zeit versoffener, streitsüchtiger, ungebildeter und lärmender Ritterrüpel inszeniert wird. «Action» und «Event» heißen die profitablen Zauberworte unserer schnelllebigen Zeit.

Der Mittelalterboom hat uns zugleich einen neuen Burgentourismus beschert, dessen zahlungskräftiges Publikum solche «Abenteuer» sucht. Burgen mit den Marketingprädikaten «Abenteuerburgen», «Burgabenteuer» und «Eventburgen» befriedigen diese spezielle Nachfrage. Die Ehrenburg in Rheinland-Pfalz verspricht dem Besucher ein «phantastisches Burgerlebnis». Spätestens wenn dieser vor dem riesigen Kupferkessel steht, mit dem einst das heiße Pech auf die Angreifer geschüttet worden sein soll, wird die Burg dem Versprechen im wahrsten Sinne des Wortes gerecht. Ignoriert wird freilich die Erkenntnis der modernen Burgenforschung, dass die Verteidigung durch heißes Pech und Öl sowie durch siedendes Wasser erst im 19. Jahrhundert ersonnen wurde und zu den mannigfaltigen Irrtümern der traditionellen Burgenforschung gehört. Kommerzielle Interessen statt seriöser Geschichtsvermittlung bilden die wahren Beweggründe, die hinter solchen Projekten stehen; sie erzeugen mitunter echte Kuriositäten. So steht seit 1996 auf einer japanischen Insel (!) ein originalgetreuer Nachbau der rheinischen Gipfelburg Marksburg, während man in Südafrika (!!) auf den fantasievollen Nachbau der Burg Camelot stößt – die Hochzeitsburg «Camelotte». Und nicht zu vergessen: das märchenhafte Fantasieschloss im kalifornischen Disneyland.

Das Erbe des Mittelalters

Doch es braucht eigentlich keine Events, um sich im Mittelalter heimisch zu fühlen. Tatsächlich leben wir ganz selbstverständlich mit zahlreichen Errungenschaften und Innovationen des Mittelalters, die das Mittelalter oft aus der Antike übernommen und weiterentwickelt hat, damit wir sie schließlich perfektionieren konnten: Dazu zählen beispielsweise die mechanische Räderuhr, der Kompass und das Steuerruder, der Buch- und Flugblattdruck samt Papier und Wasserzeichen, die Wasserhebeanlagen, Walkmühlen, Lohmühlen, Sägemühlen, Bock-, Turmwind- und Papiermühlen, Hammerwerke, aber auch Großbetriebe wie Bergwerke, die deutliche Produktionssteigerung und Produktvielfalt brachten, verbunden mit der Spezialisierung von Handwerkern; neu hinzu kamen die Zünfte, Gilden, Banken und Pfandhäuser, nicht zu vergessen die Universitäten, die Mehrfelderwirtschaft (Dreifelderwirtschaft), der schwere Pflug sowie die Schubkarre. Überdies verdanken wir dem Mittelalter Brille und Gabel, Knöpfe und Hosen, Nudeln, Lasagne, Makkaroni, ja sogar Spielkarten. Und ganz am Ende des Mittelalters, 1492/93, entstand der erste Globus. Ob man sich für das Schießpulver und die Feuerwaffen bedanken soll, sei dahingestellt.

Wer heute zu einem Musical nach Hamburg fährt oder durch die historischen Altstädte von Freiburg und Bamberg bummelt, achtet nicht auf die Herkunft dieser Stadtnamen, die besagt, dass sich dort einst Siedlungen um heute im Stadtbild verschwundene Burgen bildeten. In Hamburg war es die zu Beginn des 9. Jahrhunderts errichtete Hammaburg, die 1947 bis 1956 archäologisch erkundet wurde und heute unter moderner Überbauung schlummert, während oberhalb von Freiburg eine durch das mächtige Geschlecht der Zähringer in der zweiten Hälfte des 12. Jahrhunderts errichtete Burg mit ihrem großen Donjon aufragte. Bamberg wiederum geht auf die einst den Domberg beanspruchende, im Jahr 902 erwähnte «Babenburg», die Stammburg des bedeutenden Dynastengeschlechts der Babenberger, zurück.

Neben der Endung *burg* bezeugen auch Ortsnamen, die auf *-berg, -stein, -fels, -egg* bzw. *-eck* und *-haus* auslauten, zumeist die Existenz einer Burg, die oft genug die Keimzelle späterer Ortschaften bildete.

Aber auch in unserem alltäglichen Sprachgebrauch verwenden wir unbewusst zahlreiche Redewendungen, die auf das Mittelalter zurückgehen und oft mit dem Rittertum zu tun haben. Wir nehmen jemanden oder etwas ins Visier, führen etwas im Schilde, brechen eine Lanze für jemanden, springen in die Bresche, graben jemandem das Wasser ab, sind entweder gerüstet oder gewappnet, bringen jemanden in Harnisch, haben das Heft in der Hand, werfen jemandem den Fehdehandschuh hin oder lassen ihn im Stich, sitzen auf hohem Ross, müssen Ross und Reiter nennen, verdienen uns die Sporen und spornen jemanden an. Aus der Welt der mittelalterlichen Gerichtsbarkeit stammen Sprüche wie: sich gerädert fühlen, etwas auf die lange

Bank schieben, den Stab über jemandem brechen, jemandem die Stange halten, seine Hand für jemanden ins Feuer halten, jemanden auf die Folter spannen, jemandem die Daumenschrauben anlegen, jemanden an den Pranger stellen, jemanden über die Klinge springen lassen oder auch jemandem eine Galgenfrist einräumen. Selbst der heute vielgescholtene Spießbürger geht auf das Mittelalter zurück, wenngleich dieser Begriff damals den ehrenhaften Stadtbürger beschrieb, der eine Waffe – einen Spieß – tragen durfte.

Gemessen an rund fünf Millionen Jahren Menschheitsgeschichte sind die knapp über 500 Jahre, die uns vom Ende des Mittelalters, und jene 800 bis 900 Jahre, die uns von der Blütezeit des Burgenbaus trennen, nur ein Wimpernschlag der Zeit. Das Paradox besteht darin, dass wir zwar noch immer mit dem Mittelalter leben, seine Erscheinungsformen aber immer mehr verdunkelt haben.

2. Graben, Mauern, Türme und Zinnen

Versuch einer Definition

Ganz am Anfang eines Buches über Burgen muss zwangsläufig die nur scheinbar banale Frage stehen: Was ist eine Burg? Generationen von Burgenforschern haben sich bereits um eine prägnante Definition bemüht – und sind allesamt gescheitert. Zu vielfältig sind die Erscheinungsformen und Funktionen der Burg, um sie auf eine knapp gehaltene, allgemeingültige Formel bringen zu können. Allein die etymologische Herleitung des Wortes «Burg» ist noch immer Gegenstand kontroverser Fachdiskussionen, wenngleich die moderne Burgenforschung eine Ableitung vom griechischen *pyrgos* bzw. römischen *burgus*, also von einem verschließbaren, geschützten Platz favorisiert – zumal auch der Begriff des Schlosses in diese Richtung weist. Der Terminus «Schloss» wiederum wurde bereits seit dem 14. Jahrhundert als Synonym für «Burg» verwendet und erst im

19. Jahrhundert architektonisch und funktional von der Burg abgekoppelt, indem man Schlösser entgegen der bauhistorischen Befundlage zu den repräsentativen, unbefestigten Nachfolgebauten der Burgen erklärte. Man postulierte damit eine scharfe Zäsur zwischen Burgen und Schlössern, die es so im 16. Jahrhundert tatsächlich zwar nie gab, dann jedoch eine strikte Trennung zwischen Schlössern und Festungen nach sich zog. Wenn jedoch das Hoch- und Spätmittelalter mehr oder weniger sinngleich die lateinischen Begriffe *castrum*, *castellum*, *arx*, *munitio* sowie die deutschen Bezeichnungen *burch*, *hus*, *slosz* und *veste* benutzten, wird das Problem einer eindeutigen Begriffsklärung rasch verständlich. Bezeichnend ist ein Burgfriedensvertrag der bekannten Burg Eltz aus dem Jahr 1430, der für ein- und dasselbe Objekt wechselweise die Begriffe Burg (*Burch*), Haus (*Huss*) und Schloss (*Schlosse*) verwendete. Cord Meckseper erklärte dieses Phänomen mit jener funktionalen Unschärfe, die mittelalterliche Architektur kennzeichne und jedem Schwierigkeiten bereite, der «aufgrund eines architektonischen Denkens, das sich erst mit der Neuzeit herausbildete, auf begriffliche Klarheit pochen will».

Alle Definitionen einer Burg müssen beinah zwangsläufig scheitern, will man einen Bogen von den vorgeschichtlichen Befestigungswerken zu den gänzlich anders gearteten hochmittelalterlichen Burgen schlagen. Zu gravierend ist der Wandel in Architektur, Funktion und Größe, der sich zwischen dem 6./7. und dem 15. Jahrhundert, vor allem aber im 11. und 12. Jahrhundert vollzieht. So stellt sich die blasphemisch anmutende Frage, ob es überhaupt sinnvoll ist, die frühen großflächigen Wehranlagen aus Holz, Erde und Trockenstein, die als zeitweilig oder mitunter dauerhaft besiedelte befestigte Zentralplätze dienten, als Burgen klassifizieren zu wollen. Versteht man die Burg als ein künstliches Menschenwerk, das dem Zweck des «Bergens» dient, dann muss man diese Frage mit «Ja» beantworten. Denkt man allerdings an die klassische «Adelsburg», dann reduziert sich der zeitliche Rahmen auf den Zeitraum des 10. bis 15. Jahrhunderts. Doch allein in diesen 600 Jahren durchlief die Adelsburg einen derart formen- und funktionsreichen Wandel, dass selbst für sie eine präzise, zumal knappe Definition nicht gelingen kann.

Außer Frage steht, dass jeder Definitionsversuch überdies das Kolorit seiner Zeit trägt. Wenn Johann Nepomuk Cori, k.k. Militär-Bezirkspfarrer, 1895 in seinem vielgelesenen Büchlein «Bau und Einrichtung der Deutschen Burgen im Mittelalter» zur Funktion der Burgen ausführt, sie «wurden nicht bloß als Schutzwehr, sondern auch aus Erwerbsucht, ja nicht selten für den Raub gebaut», und dann noch konstatiert, sie seien deswegen auf Plätzen errichtet worden, «die durch ihre Lage und Beschaffenheit des Bodens besonders widerstandsfähig und fest waren», dann folgt er darin lediglich der damals vorherrschenden Lehrmeinung, dass Burgen einst für den Krieg gebaute Raubritternester waren. Obwohl diese Aussage in der Realität nie einer Überprüfung standhielt, blieb sie bis in die 1980er Jahre allgemeinverbindlich.

Selbst Otto Piper, der mit seinen drei Ausgaben der «Burgenkunde» (München 1895, 1906 und 1912) – einer gewaltigen Materialsammlung – den Klassiker der Burgenforschung schlechthin schuf, tat sich mit einer Definition schwer und mühte sich schließlich zu der Aussage, dass man unter «einer Burg im engeren Sinne des Wortes ... zunächst hauptsächlich den mittelalterlichen befestigten Einzelwohnsitz eines Grundherrn» verstehe. Kein Wort von Krieg, Kampf und Raubrittertum, dafür aber eine neue funktionale Aussage: die Burg als «Einzelwohnsitz». Obgleich der Großteil der hochmittelalterlichen Burgen tatsächlich von Adeligen als eine Art «befestigter Privatwohnsitz» erbaut und genutzt wurde, existierten auch zahlreiche Burgen, deren Bauherr und Eigentümer ein Landesherr, ein Bistum, ein Kloster oder auch eine Stadt war. Auch konnten die auf Burgen eingesetzten Verwalter bis zum 12. Jahrhundert Unfreie, d.h. Dienstmannen sein.

Wehrbau oder Schutzbau?

Alle Definitionen einer Burg betonen die Wehrhaftigkeit als allgemein verbindliches Charakteristikum. Obwohl Wehrhaftigkeit gleichzusetzen ist mit Verteidigungsfähigkeit, geht die

Burgenliteratur mit diesem Definitionskriterium erschreckend unkritisch um, gilt es doch, zwischen Schutzelementen und Verteidigungselementen zu unterscheiden. Sucht man Schutz hinter starken und/oder hohen Mauern sowie massiven Holztoren, so begibt man sich in eine passive Position, die keine aktiven Verteidigungsaktionen zulässt. Gräben, steile Hänge oder Felsen als Annäherungshindernisse dienen lediglich dem Schutz eines Platzes. Erst solch spezielle Bauelemente wie Wehrgänge und flankierende Türme mit Schießscharten, vorgeschobene Befestigungswerke wie Barbakanen (Torvorwerke), Zinnen und Wurferker ermöglichen die aktive Bekämpfung eines Angreifers. Eine erhöhte Türöffnung verstärkt den Schutzeffekt ebenso wie ein Fallgatter oder eine Zugbrücke und erhöht dadurch letztlich die Wehrhaftigkeit. Genau betrachtet, ist jedes Wehrelement ein Schutzelement, nicht aber jedes Schutzelement ein Wehrelement.

Verteidigungseinrichtungen finden sich allerdings auch bei Stadt- und Marktbefestigungen, befestigten Kirchhöfen und Sperrwerken wie Klausen, definieren also keinesfalls die Burg allein. Betrachten wir deshalb einmal die Burg unter juristischem Aspekt.

Burgenbaurecht

Der Bau von Burgen war grundsätzlich ein privilegiertes Recht, ein altes Königsrecht, ein Regal, das bereits im *Edictum Pistense* von König Karl dem Kahlen im Jahr 864 klar formuliert worden war und per se nur dem König (seit dem 13. Jahrhundert:) des Heiligen Römischen Reiches zustand. Dieses Burgenbauregal beanspruchte das Königtum bis zum 13. Jahrhundert allerdings nur gelegentlich oder delegierte es an besonders verdienstvolle und treue Vasallen wie Bischof Bernward von Hildesheim, dem König Heinrich II. (1002–1024) ein älteres Sonderprivileg zum Bau von Burgen bestätigte. Auch dem Grafen von Arnsberg wurde dies Privileg 1145 durch König Konrad III. gewährt. Im *Statutum in favorem principium* übertrug König Friedrich II. im Jahr 1231 das Burgenbaurecht sogar formal den politisch erstarkten Reichsfürsten, die wiederum ihre Vasallen zum Burgenbau anhielten. Diese Vorgänge verdeutlichen, dass die Krone das Burgenbauregal seit dem 11. Jahrhundert zunehmend ihren Herzögen, Markgrafen und Grafen zugestand und damit die Kontrolle über dieses Privileg verlor. Ausschlaggebend dafür war die politische Erstarkung sowohl der geistlichen Fürsten nach dem 1122 beigelegten Investiturstreit als auch der weltlichen Fürsten und Dynasten nicht zuletzt aufgrund der zunehmenden Orientierung der königlichen Interessen nach Italien. Von König Rudolf von Habsburg (1273–1291) ist bekannt, dass er das verloren gegangene Burgenbaurecht vergeblich zu reaktivieren versuchte.

Die oberhoheitliche Ausübung des Burgenbauregals erforderte eine juristisch verbindliche Definition einer Burg in den zeitgenössischen Rechtsschriften. Eine davon, der «Sachsenspiegel», wurde um 1225/35 durch Eike von Repgow im Auftrag von Graf Hoyer (II.) von Falkenstein (Burg Falkenstein im Harz) verfasst, um das tradierte Land- und Lehnsrecht in deutscher Sprache festzuhalten. Von den mindestens 460 Vervielfältigungen haben sich lediglich vier illustrierte Exemplare erhalten: die Heidelberger, Oldenburger, Dresdner und Wolfenbüttler Bilderhandschriften. Der Artikel III 66 § 2 des Landrechts besagt, dass man ohne Genehmigung des Landrichters keine Burg (*borch*) bauen, keine Stätte (*stat*) mit Planken oder Mauern (*mit planken noch muren*) befestigen, keinen Berg (*berch*) oder keine Insel (*werder*) bebauen, keine Türme (*torne*) in einem Dorf errichten dürfe. Konkreter wird Paragraph 3, der spezifiziert, welche Bauelemente wehrhaft, also verboten und daher genehmigungspflichtig sind: Mauern (*muren*), Palisaden (*staken*) oder Zäune (*tunen*), die höher aufragen als ein Reiter mit seinem Schwert hinaufzureichen vermag; jede Mauer mit Zinnen (*tinnen*) oder einer Brustwehr (*borstwere*); weiterhin jedes Gebäude aus Holz oder Stein (*holte oder mit stene*), das über einem eingetieften Erdgeschoss höher als zwei Geschosse aufragt (*drier dele ho boven en ander*) und einen Zugang über Kniehöhe (*dore … in me nederen gademe boven der erden knes ho*) besitzt; letztlich jeder Graben (*graven*), der tiefer hinabreicht, als ein Mann die Erde mit einem Spaten (*spaden*) herausschaufeln kann, ohne dass er einen Schemel benötigt. Diese Bauauflagen finden sich bezeichnenderweise fast identisch in den *Consuetudines et justicie*, dem Rechtsspiegel der Herzöge der Normandie aus dem Jahr 1091, und bezeugen damit die engen Verflechtungen zwischen Frankreich und dem Reich. Sie belegen aber auch die zuvor angesprochene Kombination aus Wehr- und Schutzelementen. Dass «klassische» Wehrelemente wie Wehrerker, schießschartenbestückte Flankierungstürme, Streichwehren und Doppelturmtore sowie Zugbrücken und Fallgitter in diesen tradierten Rechten nicht aufgelistet werden, liegt daran, dass diese Wehrelemente im 11. Jahrhundert noch unbekannt waren.

Bauliche Kriterien einer Definition

Die Wehrelemente aus dem Sachsenspiegel erscheinen nicht nur an Burgen, sondern auch an befestigten Kirchhöfen und Klöstern und vor allem an Stadtmauern. Wenn es nicht die Wehrelemente allein sein können, welche Faktoren machen dann eine Burg zur Burg? Die exponierte, beherrschende Lage auf Höhen kann es nicht sein, weil dies eine so nicht vorhandene mitteleuropäische Einheitstopographie voraussetzen würde. Der hohe Turm oder das turmartige Haus kommen gleichfalls nur eingeschränkt in Betracht, da manche Burgen ein Festes Haus als Hauptbau oder anstatt des Turms eine extrem hohe Ummauerung (Mantelmauer) oder mächtige Frontmauer (Schildmauer) aufweisen. Durch eigene Baulichkeiten befestigte Tore finden sich nicht an allen Burgen und stammen meist, wie die umlaufenden Zwinger samt Flankierungstürmen, erst aus dem 15. oder 16. Jahrhundert. Das von einem Saal bzw. einer Halle geprägte repräsentative Wohngebäude – der Palas – erscheint in abgewandelter Gestalt auch in Pfalzen, Städten und Klöstern. Die Kapelle wiederum ist omnipräsent in der mittelalterlichen Landschaft.

Die einzige Baulichkeit, die alle Burgen aufgrund ihrer Konzeption als verschlossene Bauwerke aufweisen, ist die Ringmauer. Ihr kommt, da das damalige Rechtsverständnis die Burg auch als einen Platz eingeschränkter Zugänglichkeit begriff, eine hohe Bedeutung zu. Doch unabhängig davon, ob nun mit

Zinnen, Wehrgängen und Schießscharten ausgestattet, sicherte diese keinesfalls nur Burgen, sondern auch andere Plätze – jeden *hortus conclusus* wie den Friedhof, den nahe einer Burg befindlichen adeligen Liebes- und Lustgarten, Klöster, Städte oder vornehme ländliche Anwesen. Da viele dieser ummauerten Plätze zudem durch Gräben gesichert wurden, kann man auch die Ringmauer nicht als burgenspezifisch definieren.
Angesichts der Ohnmacht der Moderne, das Kulturphänomen der hoch- und spätmittelalterlichen Burg in zutreffender Weise knapp zu umschreiben, bietet es sich an, dies dem Mittelalter selbst zu überlassen. Wenig hilfreich ist hierbei die Definition von Notker dem Deutschen (um 950–1022), der behauptet, erst das Tor (*porto*) mache eine Burg aus. Im altsächsischen «Heliand» ist es dagegen die Umfriedung aus Wall oder Mauer (*uual*), wobei diese frühe Schriftquelle aus der Zeit um 830 wesentliche Elemente des späteren Burgenbaus noch nicht kannte. Die um die Mitte des 12. Jahrhunderts verfassten Züricher Predigten wurden schon etwas konkreter: *Ein castel heizet daz. da ein tvrn stat. vnde mit iener mvre vmbefangen ist. vnde sich div zwei beschirmint. vnder einanderen.* Demzufolge bezeichnet man eine Baulichkeit, die aus einem Turm mit Bering besteht und so konzipiert ist, dass sich beide gegenseitig zu schützen vermögen, als Burg. Diese zeitgenössische Quelle charakterisiert – insofern man sie als allgemeinverbindlich akzeptiert – den zeitgenössischen Burgenbau des Hochadels, der zwischen 1050 und 1150 das Land mit ummauerten steinernen Wohntürmen überzog. Diese Fokussierung auf damals zweifelsohne spektakuläre Bauformen blendet analog zum Sachsenspiegel den Normalfall der hölzernen Burg aus. Besitzverhältnisse spielten offenbar keine wichtige Rolle.

Fazit

Die Burgen des Hohen und Späten Mittelalters bildeten das elementare Instrument der Herrschaftsbildung und Herrschaftsausübung. Als wehrhafte Zentralorte eines räumlich definierten Lehensgebiets gewährleisteten sie dessen Verwaltung und Befriedung, wodurch sie auch wirtschaftliche Zentren bildeten.

Durch ihre landschaftsprägende Positionierung visualisierten sie überdies die Herrschaftspflichten und Herrschaftsansprüche der Burgherren sowie deren privilegierte Gesellschaftsstellung.

3. *Bereit ze turneie und ze strite:* Der Adel als Träger des Burgenbaus

Burgenbau zum Heil und zur Zierde des Reiches

Dem Königtum oblag neben etlichen anderen Sonderrechten auch das Regal des Burgenbaus. Dabei dienten die Reichsburgen mitunter der militärischen Sicherung des Landes, wie die unter König Heinrich I. (919–936) wohl 926 erlassene Burgenbauordnung zur Abwehr der Ungarn beweist. Dementsprechend würdigte Widukind von Corvey König Heinrich I. als einen Mann, der «Burgen zum Heil des Reiches» – *urbes ad salutem regni* – erbauen ließ. Den militärischen Zweck der Unterdrückung und Unterwerfung der Sachsen sollten auch acht auf Anordnung König Heinrichs IV. ab 1065 errichtete Burgen – darunter die beiden «Harzburgen» Harzburg und Sachsenstein – erfüllen. Die eindrucksvolle Reichsburg Trifels diente hingegen der sicheren Verwahrung der Reichskleinodien und hochstehender Gefangener wie König Richard Löwenherz von England (1193) oder des Kölner Erzbischofs Bruno von Sayn (1206). Königlicher Burgenbau sollte aber vor allem Macht und Größe des Reiches – und damit dessen Unantastbarkeit – demonstrieren. Kaiser Friedrich I. erbaute seine Pfalz zu Kaiserswerth einer 1184 datierten Bauinschrift zufolge «zur Zierde des Reichs» (*FRIDERICVS ADAXIT IVSTICIAM STABILIRE VOLENS*). Auch in der Bauinschrift der von ihm 1155 renovierten Pfalz zu Nimwegen wird ausdrücklich deren kunstvolle und herrliche Wiederherstellung betont.

Vom Krieger zum Ritter: Feudalisierung und Lehnswesen

Die Wurzeln des Adels liegen in der Karolinger- und Ottonenzeit (8.–10. Jahrhundert), als im Reich Geldwirtschaft noch kaum eine Rolle spielte. Für die Verteidigung und den Frieden hatten berittene Krieger – in den damaligen Urkunden als *miles* bezeichnet – zu sorgen. Pferd und Rüstung kosteten allerdings ein Vermögen – geschätzt 45 Kühe –, über das nur die reichen Großgrundbesitzer verfügten. Die berittenen Krieger stiegen rasch zu einer adeligen Führungselite auf, der vom König Land inklusive der darauf lebenden Bevölkerung im Gegenzug für bestimmte Dienste übertragen wurde – das sogenannte Lehen.

Die Gegenleistung für die Belehnung mit Landbesitz bestand in einem Eid, in dem der Lehnsnehmer dem Lehnsherrn Treue, Rat und Gefolgschaft schwor und sich verpflichtete, für seinen Lehnsherrn die Waffen zu ergreifen, sobald dieser ihn dazu aufforderte. Durch diesen Schwur band er sich fest an seinen Lehnsherrn. Auch verpflichtete sich der Vasall bzw. Lehnsnehmer, die ihm übertragene Grundherrschaft solchermaßen zu verwalten und zu befrieden, dass sie einen guten Ertrag abwarf. Durch den Umstand, dass der Vasall zum Erreichen dieser Ziele eine Burg benötigte, waren Burg und Herrschaft derart untrennbar miteinander verbunden, dass es keiner Ausübung des Burgenbauregals mehr bedurfte.

Stabilität schuf erst die Erblichkeit des Lehens, die dazu führte, dass die Lehnsnehmer auch größere Investitionen zum Wohle einer Herrschaft tätigten. In Deutschland gewann das Lehnswesen vor allem im 11. und 12. Jahrhundert zunehmend an Bedeutung.

Mit den politisch instabilen Verhältnissen des zusammengebrochenen Fränkischen Reiches nahm die Gewaltbereitschaft im 9. und 10. Jahrhundert merklich zu. Gegen Ende des 10. Jahrhunderts verkündeten die Bischöfe in Südfrankreich, ob dieser Verhältnisse verzweifelt, die *pax Dei* – den Gottesfrieden; auch sollten Schwertsegen dafür sorgen, dass die Krieger ihr Schwert ausschließlich zur Verteidigung und zum Schutz der Kirche, der

Witwen, Waisen und Kleriker sowie gegen Heiden ziehen sollten. Vorweggenommen sind in diesen Überlegungen bereits zentrale Werte des Rittertums.

Da das Rittertum seinen Weg aus Frankreich zu uns nahm, lohnt es sich, kurz dort zu verweilen: Dort galt der schwergewappnete Reiter – *miles* – bereits im 11. Jahrhundert als Aristokrat, als *nobilis*. Während Ritter in Frankreich und England stets als freie Männer galten, traten in Deutschland im 11. Jahrhundert unfreie Dienstleute – Ministerialen –, die sich durch besondere Dienste in der Gunst ihrer Herren schon eine bevorzugte Stellung erarbeitet hatten, vermehrt in den Kriegsdienst; zu diesem Zweck wurden ihnen Waffen, Rüstungen und Pferde anvertraut. Als man den Angehörigen dieser aufstrebenden Gesellschaftsschicht der Ministerialen auch noch Burgen zur Verwaltung übergab, unterschieden sich diese äußerlich kaum noch von adeligen Burgherren. Die Statussymbole waren nun fast identisch: Rüstung, Schwert und Schild, Pferd, Burg und Land. So verwundert nicht, dass die Ministerialen bald zum niederen Adel aufstiegen.

Ritterideale

Hatte man lange geglaubt, die Ministerialen hätten im Zuge ihres sozialen Aufstiegs gegen Ende des 12. Jahrhunderts die ritterlichen Ideale – Mut und Tüchtigkeit im Kampf, Treue gegenüber dem Herrn, Schutz der Schwachen, Verteidigung des Glaubens gegen Ungläubige – erfunden, um sich selbst zu erhöhen, revidiert man dies inzwischen wieder aufgrund intensiver quellenkritischer Studien. Ihnen zufolge griffen Ministerialen lediglich jene ritterliche Lebensform auf, die der Adel bereits entwickelt hatte, um sich gesellschaftlich aufzuwerten. Letztlich geschah dies in einem Ausmaß, das den Blick auf die wahren historischen Abläufe verstellte. Sie machten das Rittertum zu einem Sinnbild hoher höfischer Kultur. Berühmte Dichter und Minnesänger wie Hartmann von Aue, Wolfram von Eschenbach, Walther von der Vogelweide, Rudolf von Ems und noch andere mehr kamen aus der Ministerialität. Ritter aus dem Stand der Reichsritterschaft, die dem König direkt unterstan-

3 – Bunderhee. Virtuelle Rekonstruktion der Südansicht um 1400

den, stiegen damals in Spitzenpositionen der Reichsgutverwaltung auf, brachten es gar zur Stellung von Herzögen, Bischöfen, Notaren und Kanzlern.

Mit der Blütezeit des Rittertums (1180–1230) fällt bezeichnenderweise auch die Blütezeit des hochmittelalterlichen Burgenbaus zusammen. Festzuhalten bleibt jedoch, dass der Begriff «Ritter» kein spezifisches Rangattribut jenseits der Adelszugehörigkeit darstellte, sondern eine Art Ehrentitel bildete. Daher würden die Castellologen den Begriff der «Ritterburg» gern durch den der «Adelsburg» oder «Feudalburg» ersetzt sehen. Allerdings gab es auch nichtadeligen Burgenbau dort, wo sich die Lehensverfassung nicht durchsetzen und das Land sich nur mühsam kolonisieren und urbar machen ließ. Dies traf auf das friesische Altsiedelland im Westen Schleswig-Holsteins zu, in dem freie Landgemeinden das Land verwalteten. Dort stößt man zwar auf Burgen, die den damals geläufigen Bautrends folgen, wie die gut erforschten Wohnturmburgen Bunderhee (Abb. 3) oder Bunde; diese aber dienten als Sitze von Häuptlingen, deren Familien sich in Führungspositionen manövriert hatten. Solche Häuptlinge pflegten einen adeligen Lebensstil, den sie in der zweiten Hälfte des 14. Jahrhunderts auch durch steinerne Burgen – oft als hausartige Wohntürme errichtet – demonstrierten.

Burgherren und Burgmannen

In der Regel benannten sich die Adelsfamilien nach ihren Burgen, wobei bei frühmittelalterlichen Nennungen auch lediglich der Herkunftsort gemeint sein kann, den man erst später mit einer Burg ausstattete. Hochrangige Adelsfamilien und geistliche

Territorialmächte hielten mehrere Burgen, mit denen sie ihre Vasallen belehnten. Diese konnten sich gleichfalls nach der ihnen anvertrauten Burg benennen. Auf den Reichsburgen setzte die Krone je nach Bedeutung der Burg entweder Burggrafen oder Reichsburgmannen ein. Burgmannen erhielten für ihre Wehr- und Wachdienste auf der Burg ein Burggut, das lange Geld oder Naturalien einbrachte und erst gegen Ende des Mittelalters in ein Burglehen umgewandelt wurde. Der Burgmannendienst konnte für nichtadelige Personen auch durch den Aufstieg in den niederen Adel belohnt werden. Von Burgmannendiensten zeugen noch Wohneinbauten wie beispielsweise auf den Burgen Gräfenstein, Montfort oder Neuenburg (Sachsen-Anhalt). Solche Einbauten in Burgen können aber auch auf eine Besitzergemeinschaft, eine Ganerbschaft, verweisen (siehe Kap. 5).

Für die geistlichen Territorialherren verwalteten zumeist Vögte die Burgen samt Zubehör. Sie vertraten den Landesherrn, durften auch die Hohe Gerichtsbarkeit ausüben und verpflichteten sich dafür zum militärischen Schutz der Geistlichkeit, die selbst über keine Wehr verfügte. Auf der riesigen Ganerbenburg Salzburg (Unterfranken), einem strategisch wichtigen Verwaltungssitz des Bistums Würzburg im Salzgau, saßen 1187/89 als bischöfliche Amtmänner ein Schultheiß (*scultetus*) und ein Vogt (*advocatus*). Die Salzburg repräsentiert somit den funktionalen Burgentyp der Amtsburg. Diese Burgen dienten den Landesherren als regionale Verwaltungszentren und wurden mit (nieder) adeligen Amtmännern besetzt. Im norddeutschen Raum übernahm diese Verwaltungsaufgaben der Drost.

Höfische Kultur

Der Adel hob sich nicht nur durch seine wehrhaften Wohnsitze von der restlichen Bevölkerung ab, er trachtete auch danach, einen elitären Lebensstil zu pflegen, der allgemein als «höfische Kultur» bezeichnet wird. Entwickelt an den großen Höfen Frankreichs, prägte dieser neue Lebensstil im Hoch- und Spätmittelalter maßgeblich das kulturelle Erscheinungsbild des deutschen Adels. Rekonstruieren lässt sich dieser Lebensstil anhand der mannigfaltigen materiellen Hinterlassenschaften, sowie durch zeitgenössisches Schrift- und Bildgut. Welche Tugenden und Charakterwerte einen ehrenhaften Ritter auszeichneten, wie sein Lebensinhalt und sein Daseinszweck aussahen, welchen Versuchungen er zu widerstehen hatte, welche Bewährungsabenteuer (*aventiure*) er zu überstehen hatte, das schildern in üppiger Ausschmückung die in der Blütezeit des Rittertums – den Jahrzehnten um 1200 – entstandenen «Ritterromane», die Wolfram von Eschenbach mit seinem «Parzival» (1205) und seinem «Willehalm» (1210/20), Hartmut von Aue mit seinen beiden Epen «Erec» (1180/95) und «Iwein» (um 1200), Wirnt von Grafenberg mit dem «Wigalois» (frühes 13. Jh.) und schließlich der Stricker mit seinem «Daniel vom blühenden Tal» (um 1230) vorgelegt haben. Zahlreiche dieser Epen basieren auf den Artusromanen des Chrétien de Troyes («Erec», «Yvain», «Cligès», «Lancelot», «Perceval»), der seinerseits in der zweiten Hälfte des 12. Jahrhunderts die keltisch-bretonischen Überlieferungen zu einem König Arthur des 5./6. Jahrhunderts nacherzählte. In besagten Artus-Romanen kämpften die ritterlichen Protagonisten mutig für ein Ideal der höfisch-feudalen Gesellschaft, das Ministeriale wie Hartmann von Aue oder Wolfram von Eschenbach bewusst schufen, um im Wege von dessen Realisierung ihr Land effizienter befriedet zu sehen. Diese Idealgestalten zeichneten sich nicht nur durch ihr beherztes Eintreten für adelige Damen aus, sondern überwanden überdies neben gefährlichen Abenteuern auch eigene Krisen, Missgeschicke und Verfehlungen – was sie menschlich und realistisch wirken ließ. Das Motiv des Heiligen Grals eröffnete den Autoren die Möglichkeit, mit dem Gralsorden und dem Gralskönig eine allerhöchste moralische, wenn auch fiktive Herrschaftsinstanz zu schaffen, die global für Frieden, Recht und Ordnung sorgte. Tatsächlich klaffte indes eine breite Kluft zwischen dem ritterlichen Ideal und der irdischen Wirklichkeit, zwischen Anspruch und Realität. Diese Kluft war allerdings wiederum der Ansporn, der die Visionen der Rittertugenden hervorbrachte und sie bedeutsam werden ließ.

Ein zweiter großer Themenkreis der höfischen Literatur betraf die Minne, also die Liebe, wobei der «Tristan und Isolde»-

Fassung des Gottfried von Straßburg (um 1210) eine besondere Bedeutung zukommt. In diesem Werk münden die übermächtigen Gefühle in einen unlösbaren Konflikt der Protagonisten mit den gesellschaftlichen Konventionen.

Welch großer Beliebtheit sich diese höfischen Epen in der Ritterschaft bzw. bei den Adeligen erfreuten, beweisen die zahlreichen Wandmalereien, die an Innenwänden von Burgen (Iwein-Fresken auf Burg Rodenegg in Südtirol und Hessenhof von Schmalkalden, Artus-Fresken in Boberöhrsdorf) und anderen adeligen Wohnbauten in der Art von Comics die wichtigsten Begebenheiten nacherzählen.

Kristallisationspunkt der höfischen Kultur waren die Höfe hochadeliger Herren, die mit ihrer Prunk- und Prachtentfaltung, ihrer Freigiebigkeit (*largesse*) sowie der Vergabe von Ehrenämtern die Absicht verfolgten, eine treue Gefolgschaft an sich zu binden und sich so eine starke verlässliche Hausmacht zu schaffen. Dieses Angebot umfasste aufwendige Gastereien, oft in Verbindung mit rauschenden Festen, ein attraktives kulturelles Angebot mit Dichterlesungen, Minnesang und Musikdarbietungen, große Jagden und spektakuläre Turniere.

Kleidung, Bewaffnung, Turnierwesen, Jagd Wie auch heute noch, so eignete sich auch damals die Kleidung in besonderer Weise zur äußerlichen Distinktion der Stände. Daher wurde eine eigene Kleiderordnung geschaffen, die dem einfachen bäuerlichen Volk Kleidung in monoton grauen Farben und aus einfachen Stoffen vorschrieb, damit sich der Adel durch bunte hochwertige Stoffe umso eindrucksvoller von dieser Schicht abheben konnte. Besonders geschätzt wurden zu diesem Zweck teure orientalische Seidenstoffe. Auch das Privileg, das Haar lang zu tragen, blieb dem Adel vorbehalten.

Zu den wichtigsten Standesattributen des Adels gehörte seine Bewaffnung, die gemäß dem allgemeinen Landfrieden – *constitutio de pace tenenda* von 1152 – den Bauern gesetzlich untersagt war. Sie bestand vorrangig aus Streitross, Rüstung, Schwert und Sporen, ferner aus Schild, Dolch, Lanze sowie mitunter Streithammer, Morgenstern, Streitaxt, Pfeil und Bogen, Armbrust. Deren Qualität richtete sich nach den finanziellen Möglichkeiten des Trägers, wobei hochrangige Adelige mehrere Männer kriegsfertig auszurüsten hatten.

Sowohl ein gutes Streitross als auch eine hochwertige Rüstung kosteten ein kleines Vermögen. Bewunderung erfuhr in den Epen allerdings nicht die vermeintliche Effizienz der Bewaffnung, sondern vielmehr deren herrlicher Glanz und Eleganz. Mit dem Aufkommen des Helmschmucks (Zimiers), des Waffenrocks und der Pferdedecke boten die gerüsteten Ritter einen farbenfrohen, prächtigen Anblick. Diese unübersehbare Zurschaustellung von Bedeutung und Position einer Person gipfelte im 15. und 16. Jahrhundert in Prunkrüstungen, die allerdings zum Kampf nicht mehr taugten.

Dass Schwert und Reitpferd in besonderem Maße den Ritter definierten, offenbarte das Zeremoniell der Schwertleite, bei dem man den feierlich gekleideten Jüngling offiziell mit Schwert und Sporen als Zeichen seiner Erhebung zum Ritter ausstattete. Aber auch beim Ritterschlag, der im Laufe des 14. Jahrhunderts die aufwendige Prozedur der Schwertleite ersetzte, spielte das Schwert eine herausragende Rolle.

Den spektakulären Höhepunkt großer Hoffeste und sonstiger adeliger Festivitäten bildeten die Turniere – eine Institution, die man Mitte des 12. Jahrhunderts aus Frankreich übernahm. Ursprünglich gedacht als realitätsnahes Kampftraining in geschlossenen Formationen, dienten die Turniere den Rittern neben der öffentlichen Zurschaustellung ihrer Waffen und ihres Kampfgeschicks bald vorrangig zum Erwerb von Ruhm und Reichtum. Die erfolgreiche Teilnahme brachte den Rittern überdies die Bewunderung adeliger (Jung-)Frauen ein, wodurch die Turniere zu wichtigen Heiratsmärkten wurden. Welch hohen gesellschaftlichen Stellenwert Turniere besaßen, schildert die bald nach 1219 verfasste Biographie des damals weithin gerühmten englischen Ritters William Marshall (*Histoire de Guillaume de Maréchal*). Dieser zog, da mittel- und besitzlos, nach seiner Schwertleite (1167) jahrelang in Frankreich von Turnier zu Turnier und erwarb sich dabei den internationalen Ruf eines großartigen Helden. Binnen zehn Monaten gewann er gemeinsam mit einem Kampfpartner Pferde, Rüstungen und Gepäckstücke von 103 (!) Rittern. Ruhm und Reichtum verhalfen ihm nicht nur zu einem hervorragenden Ehebündnis, sondern machten ihn sogar zum Regenten von England (1216–19). Ein anderer berühmter Turnierkämpfer, Ulrich von Liechtenstein, beschreibt in seinem «Frauendienst» zahlreiche Turniere, an denen er in den 1220er Jahren teilnahm, um seinen Angaben zufolge binnen weniger Wochen 307 Lanzen mit Gegnern zu brechen.

Diese Berichte belegen gemeinsam mit vielen Miniaturen, welch großer Beliebtheit sich Turniere im 12. und 13. Jahrhundert erfreuten. Solche Popularität erstaunt angesichts der Tatsache, dass die Turnierteilnehmer keineswegs nur gewinnen, sondern neben einem kleinen Vermögen auch Gesundheit und Leben verlieren konnten: Im Kampf zweier Ritterhaufen als auch in der Tjost, dem Zweikampf zu Pferde mit scharfen Lanzen, kam es immer wieder zu Todesfällen. Neben tödlichen Kampfverletzungen erstickten Ritter und Knappen am aufgewirbelten Staub oder kollabierten in der Hitze. So verwundert es nicht, dass die Obrigkeit – im 12. Jahrhundert etwa Papst Innozenz II. (1130) und die englische Krone – wiederholt Verbote der Turniere aussprachen, wobei diese Verdikte allerdings erfolglos blieben. Sie führten aber immerhin dazu, dass man vom 13. bis 16. Jahrhundert vermehrt mit stumpfen Waffen kämpfte.

Natürlich boten viele Turniere ein weit abwechslungsreicheres Programm als nur den Massenkampf und den Zweikampf. Im *Buhurt* musste man auch Formationsritte oder Geschicklichkeitsübungen wie das präzise Treffen der Drehpuppe oder des Ringels darbieten. Hinzu kamen sportliche Disziplinen wie Ringen, Steinstoßen und Sackhüpfen.

Die Austragungsorte von Turnieren wurden außerhalb der Stadt, aber doch stadtnah gewählt, da die Kampfarenen, die Tribünen, die vielen Zelte, die Pferdepferche und die vielen Tausend Gäste riesige Areale beanspruchten. Nur ausnahmsweise wurden Turniere auf Burgen veranstaltet. Nachmittelalterlich ist der Turnierhof auf der Rosenburg in Österreich. Einen konkreten Hinweis auf einen burgeigenen hochmittelalterlichen

Turnierplatz lieferte um 1205 Wolfram von Eschenbach, indem er seinen «Parzival» anlässlich eines Besuchs der Gralsburg bedauern ließ, dass dort mittlerweile ebenso wenig wie auf dem Anger der Burg Abenberg Buhurte stattfänden. Wolfram kam aus dem kleinen Ort Eschenbach ganz in der Nähe von Abenberg und war daher gern gesehener Gast auf der Burg des mächtigen Grafengeschlechts der Abenberger. Als die Hohenzollern Burg und Herrschaft um 1200 übernahmen, kümmerten sie sich fast vier Jahrzehnte lang kaum um ihre neue Immobilie, woraufhin der Turnierplatz – *anger z'Abenberc* – zum Leidwesen Wolframs verwahrloste. Tatsächlich erstreckt sich unterhalb der Südseite der Burg, vom Palas gut zu überschauen, eine große, auffällig plane ummauerte Grünfläche, die unschwer als die Turnierwiese von 1205 zu identifizieren ist.

Eine beliebte höfische Vergnügung bestand ferner in der Ausübung des adeligen Jagdprivilegs. Sie bot einerseits die willkommene Möglichkeit der sportlichen, körperlichen Ertüchtigung, andererseits diente sie der Eliminierung von Schadwild. Man jagte Wild und Geflügel, wobei man mit Hilfe von Fußvolk und Hunden das Wild in Hetz- oder Treibjagden aufbrachte. Die wahrhaft hohe Kunst aber war die Jagd mit abgerichteten Greifvögeln, die Beize, insbesondere die Beize mit dem Falken. Kaiser Friedrich II. (1212–50) widmete ihr sogar ein ausführliches Werk (*De arte venandi cum avibus*), während Gaston Phoebus, Graf von Foix 1387/89, ein vierteiliges Jagdbuch verfasste (*Le livre de la chasse*). Geschicklichkeit konnte man allerdings auch beim Fischfang beweisen. Von Kaiser Maximilian I. (1487–1519) ist durch zeitgenössische Text- und Bildquellen überliefert, dass er gern der alpinen und nicht ungefährlichen Jagd auf Gämsen und Steinböcke frönte.

Alltag auf der Burg

Im striktem Kontrast zu den vielfältigen höfischen Vergnügungen stand das Alltagsleben auf den Burgen, über das man kaum etwas weiß, da alltägliche Gepflogenheiten kaum Niederschlag im Schrifttum oder in der Ikonographie gefunden haben. Inventare listen lediglich die wertvolleren Gegenstände auf, nicht aber die abgenutzten, eher geringwertigen Gebrauchsgegenstände. So werden in höfischen Epen des 12. und 13. Jahrhunderts zwar die äußere wie innere Pracht fiktiver Burgen, nicht aber unspektakuläre Vorgänge oder Räume geschildert. In solchen Textes sind es eher zufällig erwähnte Baudetails, die interessante Rückschlüsse auf die Beschaffenheit der Einrichtung gestatten.

Was «Alltag» allerdings konkret bedeutete, änderte sich von Burg zu Burg – einen zu verallgemeinernden Alltag gab es jedenfalls nicht. Der Alltag auf der Höhlenburg eines Ministerialen im 13. Jahrhundert sah sicherlich anders aus als der Alltag auf einer gräflichen Wasserburg des 15. Jahrhunderts, zumal man sich das gesamte Jahr über den jeweiligen klimatischen Bedingungen anpassen musste. Aber auch innerhalb der Burg existierten völlig unterschiedliche Alltage für einen Stallknecht, einen Türmer, eine Zofe, einen Knappen oder einen Burgherrn.

Geht es um das Leben auf der Burg, bemüht die Burgenforschung gebetsmühlenartig sowohl das «Hauensteinlied» des Oswald von Wolkenstein aus dem Winter 1426/27 als auch den zu Beginn des 16. Jahrhunderts verfassten Brief Ulrich von Huttens an Willibald Pirckheimer. Beide beklagen anschaulich die Enge, den Gestank und den Lärm in der Burg, den Schmutz, die Langeweile und die Kälte. Betrachtet man aber die schwierigen, ja jämmerlichen Lebenssituationen der Korrespondenzpartner, so wird klar, dass es sich um subjektive Schriftquellen handelt, die man daher wiederum keineswegs verallgemeinern darf.

Die erkenntnisträchtigste Forschungsdisziplin im Hinblick auf die Rekonstruktion von Alltag ist zweifelsohne die Mittelalterarchäologie, die durch die Auswertung der Befunde und Funde das Leben auf einer Burg zu einer bestimmten Zeit zu erhellen vermag. Allerdings gilt dies nur mit der nicht unwichtigen Einschränkung, dass sowohl Befunde als auch Funde zumeist einen eher zufälligen, ausschnitthaften Einblick gewähren und sich in ihrer Aussagekraft nur dann verallgemeinern lassen, wenn sich im Vergleich mit anderen Burgengrabungen entsprechend klare Tendenzen abzeichnen. Generell wird sich der Alltag auf Burgen um den Unterhalt des Bauwerks, den Haushalt, die Versorgung der Haustiere sowie die Verwaltungsaufgaben gedreht haben.

Auf das Alltagsleben hatten aber auch die wirtschaftlichen Aktivitäten auf der Burg und in deren Umfeld großen Einfluss. Diese erschließen sich vornehmlich durch archäologische Funde. In klimatisch günstigen Zonen verweisen Rebmesser und Hacken auf Weinbau, Gerteln, Hacken, Spaten, Sicheln, Pflüge und Eggen sowie Heugabeln auf Getreideanbau, Treicheln (kleine Glocken) auf Weideviehhaltung, Netzschwimmer, Angelhaken und Fischstecher auf Fischerei, Sägen und Flößerhaken auf Holzwirtschaft. Auch Salzsiederei ließ sich auf etlichen Burgen archäologisch nachweisen. Bei einigen nachgewiesenen handwerklichen Tätigkeiten fällt es allerdings nicht leicht, zwischen der gewerblichen Produktion und der Produktion für den Eigengebrauch zu unterscheiden.

Selbst wenn man Holz-, Steinmetz- und Schmiedearbeiten vorwiegend zur Deckung des steten Eigenbedarfs betrieb, zeichnet sich für viele Burgen bei geeigneter topografischer und strategischer Lage das Bild eines zentralen Platzes gewerblicher Aktivitäten ab, die sich auf den kleinräumigen Handel mit entsprechenden Produkten beschränkten.

Das «satanische Zeitalter»: Der stete Niedergang des Rittertums

Während die konventionelle Burgenliteratur den Niedergang des Rittertums und somit das Ende des Burgenzeitalters ganz banal mit dem vermehrten Aufkommen durchschlagskräftiger Feuerwaffen gegen Ende des Mittelalters begründet und somit ins 16. Jahrhundert verlegt, handelte es sich in Wirklichkeit um einen vielschichtigen, schleichenden Prozess, der bereits im 14. Jahrhundert einsetzte.

Das 14. Jahrhundert war das Katastrophenjahrhundert des Mittelalters schlechthin. Mit seinen schrecklichen Ereignissen hat sich die bekannte amerikanische Historikerin Barbara Tuchmann in ihrem Bestseller «Der ferne Spiegel. Das dramatische 14. Jahrhundert» ausführlich beschäftigt. Man kann ihre

Liste dramatischer Geschehnisse für den mitteleuropäischen Raum durchaus noch verlängern.

Waren die extremen Kälteeinbrüche von 1303 und 1306/7 nur vergleichsweise harmlose Vorboten schlimmerer Ereignisse, so verursachten weitere Naturkatastrophen mit nachfolgenden Missernten in den Jahren 1315/17 die größte Hungerkatastrophe des Mittelalters. 1316 kam es zu schweren Überschwemmungen, 1318 gar zu einem heftigen Wintereinbruch mitten im Hochsommer. 1338 und 1340 litt Europa unter einer furchtbaren Heuschreckenplage und in deren Folge unter erneuten Hungersnöten, bevor 1342 nach lang anhaltenden Regengüssen ein «Jahrtausend-Hochwasser» apokalyptischen Ausmaßes den Kontinent verwüstete. Überdies zogen Flutkatastrophen 1344, 1362 und 1380 die nördliche Meeresküste schwer in Mitleidenschaft.

Als dramatischste Katastrophe erwies sich allerdings die erste große Pestpandemie, die zwischen 1347 und 1352 ein Drittel der Bevölkerung Europas dahinraffte und in einem wirtschaftlichen Kollaps resultierte. Ihr folgten 1365, 1383 und 1395 weitere Pestepidemien. Mitten in diesem Chaos ereignete sich 1348/49 ein furchtbares Erbeben mit Epizentrum in Villach (Kärnten), gefolgt 1356 von einem noch heftigeren «Jahrtausend-Erdbeben» mit dem Epizentrum in Basel. Nicht selten bestand die gesellschaftliche Reaktion auf solche Naturkatastrophen in fürchterlichen Judenpogromen, da man den Andersgläubigen als «Gottesleugnern» die Schuld an dem für die Zeitgenossen im Übrigen unerklärlichen Unglück gab.

Zu allem Überfluss litt Europa unter politischer Instabilität, die in zahlreichen Kriegen kulminierte und die Krisen infolge der Naturkatastrophen nochmals verschärfte. 1301/2 herrschte Krieg zwischen Herzog Albrecht von Österreich und den rheinischen Kurfürsten. 1327 bis 1347 erschütterten die Auseinandersetzung von König Ludwig IV. mit Papst Johannes XXII. und die Wahl eines Gegenkönigs das Heilige Römische Reich. 1339 brach der Hundertjährige Krieg zwischen Frankreich und England aus, dem 1346 in der Schlacht von Crécy die Blüte der französischen Ritterschaft zum Opfer fiel. In Deutschland trugen

Städte, Ritterschaft und Krone aus wirtschaftlichen Gründen einen heftigen Zwist miteinander aus, der zwischen 1376 und 1382 zahlreiche Bündnisse entstehen ließ. Wie ganz Europa, so taumelte auch das Deutsche Reich am Rande von Chaos und Anarchie durch das 14. Jahrhundert. Seuchen, Naturkatastrophen und Kriege hatten die Ritterschaft merklich dezimiert. Der schmachvolle Ausgang der Kreuzzüge mit der vernichtenden Niederlage der Kreuzritter in der Schlacht an den Hörnern von Hattin 1187 und die Niederlagen bei Crécy und 1386 beim schweizerischen Sempach hatten das einst so leuchtende Ansehen des Rittertums ziemlich ramponiert. Fernwaffen wie Bogen und Armbrust sowie die Stangenwaffen ließen die Ritter, die sich und ihre Pferde mehr und mehr panzern mussten, nicht mehr in den erfolgsträchtigen Nahkampf kommen. Der Durchschlagskraft der Feuerwaffen des 15. Jahrhunderts hatten die Ritter endgültig nichts mehr entgegenzusetzen. Nun trugen professionell und fortschrittlich kämpfende Söldnerheere die Schlachten aus, und der Weg hin zu den Landsknechtsheeren zeichnete sich bereits deutlich ab.

In wirtschaftlicher und politischer Hinsicht hatte sich die Macht hin zu den Städten und Fürstenhöfen verlagert. Städte besaßen nicht nur eine wesentlich besser funktionierende Rechtsprechung, sondern in ihren diversen Märkten und strukturierten Gewerben wirksame Instrumente zur Ausübung des lokalen, regionalen, nationalen und internationalen Handels. Zünften bzw. Gilden, Händlern und Bankiers gehörte die wirtschaftliche Zukunft, produktionssteigernde Innovationen gingen an der traditionsverhafteten Ritterschaft vorbei. Für die Krone und die Landesherren wurden Städte zu einem herausragend wichtigen Wirtschaftsfaktor, da mit ihnen Geld zu machen war; so wurden sie für die zunehmend verarmende Ritterschaft zu übermächtigen Konkurrenten, zumal sich die wohlhabenden Städte hochmoderne Waffenarsenale und bestens geschulte Söldnertruppen leisten konnten. Unter den beiden Königen Karl IV. (1349–78) und Wenzel (1376–1400), die stets unter finanziellen Engpässen litten, kam es zu zahlreichen Stadterhebungen – allerdings nur, um die so entstandenen Städte zur

Steigerung der Geldeinnahmen gewinnbringend verpfänden zu können. Wohlhabende Reichsstädte wie Rothenburg sahen sich wiederholt gezwungen, sich aus solchen fatalen Verpfändungen freikaufen zu müssen.

Je weiter das 14. Jahrhundert fortschritt, desto mehr wurde die politische Landschaft von den Landesherrschaften und Städten geprägt, die jede Schwächung des Niederadels nutzten, um dessen Burgen in ihren Besitz zu bringen und mit Amtmännern zu besetzen. Freiwillig oder nicht wurden zahllose Adelsgeschlechter in die landesherrliche Territorialpolitik hineingezogen und oft genug zwischen konkurrierenden Territorialmächten zerrieben. Begaben sie sich nicht in die Abhängigkeit der großen Territorialmächte, drohten sie zu verarmen und gezwungenermaßen Existenzsicherung durch Gewalt zu betreiben – sie wurden Raubritter. Das Raubrittertum war folglich keineswegs eine übliche Begleiterscheinung des Rittertums, sondern lediglich dessen Verfallssymptom – «... das letzte, was der staatliche und gesellschaftliche Modernisierungsprozess vom Rittertum übriggelassen hatte» (Ehlers).

Das Raubritterwesen, deren Vertreter sich gern an reisenden Kaufleuten und Händlern bereicherten, bot den geschädigten Städten einen willkommenen Anlass, gegen Niederadelige und deren Burgen vorzugehen und diese zu eliminieren. 1382 zog der Rheinische Städtebund gegen die Herren von Bommersheim vor deren Burg und machte sie dem Erdboden gleich. Gleiches geschah 1399 durch den Städteverbund Frankfurt, Mainz, Worms, Speyer, Friedberg, Wetzlar und Gelnhausen mit der Burg Tannenberg (Hessen), von der aus Mitglieder des Löwenbunds den Städten zugesetzt hatten. Spektakulär fiel jener Kriegszug aus, den der Schwäbische Bund zwischen 1523 und 1527 gegen den berüchtigten Raubritter Hans Thomas von Absberg und dessen Verbündete unternahm und in dessen Verlauf zweiundzwanzig (!) Burgen in Schwaben und Franken gänzlich oder zumindest partiell zerstört wurden – fein säuberlich vom Kriegsberichterstatter Hans Wandereisen in Holzschnitten protokolliert.

Die personelle, wirtschaftliche und politische Schwäche der

Ritterschaft während des 14. Jahrhunderts ermöglichte es erstmals nichtadeligen, aber dafür wohlhabenden und einflussreichen Bürgern in den Adelsstand aufzusteigen, indem sie sich der entsprechenden Adelsattribute bedienten. 1385 erwarben die beiden reichen Bozener Kaufleute Hans und Niklaus Vintler die alte Burg Runkelstein und ließen sie um 1390 mit großartigen Fresken aus dem ritterlichen Milieu verzieren. Dieser höfisch orientierte Lebensstil sorgte tatsächlich für ihre nachfolgende Erhebung in den Adelsstand. Eine adelsgleiche Stellung erklomm auch das mächtige Regensburger Patriziergeschlecht der Auer, indem es nicht nur die Oberpfälzer Burgen Brennberg (ab 1326), Stefling (ab 1340) und Stockenfels (ab 1351) erwarb, sondern darüber hinaus auch eigene Reisige hielt.

Das Thema des gesellschaftlichen Aufstiegs nichtadeliger Personen – hier allerdings der Bauern – beschäftigte bereits im zweiten Viertel des 13. Jahrhunderts den Minnesänger Neidhart von Reuenthal, der diese Problematik in seiner Dichtung verarbeitete. Seine Lieder wurden auch in Fresken umgesetzt, wie um 1330 im Haus «Zum Brunnenhof» in Zürich, wo wohlhabende Juden einen adeligen Lebensstil zelebrierten, oder um 1400 durch einen reichen Ratsherrn im Haus «Tuchlauben 19» in Wien, wo man die «Neidhart-Fresken» noch immer bestaunen kann.

4. Die Burg als Machtsymbol und Herrschaftsinstrument

Während der Burg innerhalb des Deutschen Reiches als multifunktionales Herrschaftsinstrument zumindest im Hoch- und Spätmittelalter eine herausragende Bedeutung zukam, eignete sie sich auch als effizientes Kriegsinstrument. Belagerungsburgen und Gegenburgen, die wichtige Verkehrswege kontrollierten, führten häufig zur Zerstörung von Burgen, wozu allein der psychologische Effekt einer permanent sowohl sichtbaren als auch spürbaren Feindesmacht wesentlich beitrug.

Bei der dauerhaften Besetzung eroberter Territorien spielten Okkupationsburgen als wehrhafte Militärstützpunkte eine wesentliche strategische Rolle. Da sie in feindlichem Umland als Ausgangsbasis militärischer Aktionen fungierten, mussten sie nicht nur stark befestigt, sondern auch mit größeren Truppenkontingenten versehen sein. Bau, Unterhalt und Besatzung verlangten eine aufwendige, teure Logistik. König Edward I. von England gelang 1282/83 die Unterwerfung des aufrührerischen Wales nur durch ein gigantisches Burgenbauprogramm, von dem uns zwar solch gewaltige Burgen wie Harlech, Conway, Criccieth und Caernarvon erhalten blieben, das jedoch auch eine Summe verschlang, die nach heutigen Maßstäben einem knapp dreistelligen Millionen-Eurobetrag entsprochen hätte. Von den geschundenen Staatsfinanzen profitierte Schottland, das Edward anschließend mit einer erzwungenermaßen stark reduzierten Kriegsmaschinerie nicht niederzuzwingen vermochte.

Okkupationsburgen verkörpern aufgrund ihrer maximierten Verteidigungsfähigkeit den Inbegriff an Wehrhaftigkeit. Dies tun freilich auch jene Burgen, die gegen Invasoren und potentielle Feinde errichtet wurden. Ein frühes Beispiel bieten die Ungarnburgen König Heinrichs I. (919–936) aus dem 10. Jahrhundert (S. 81). Eine extrem wehrhafte Ausgestaltung erfuhr das Château Gaillard in Nordfrankreich, das König Richard I. von England («Löwenherz») 1196 zur Sicherung seiner Besitzansprüche in feindlich gesinntem Umland errichtete und das prompt 1204 durch König Philipp II. von Frankreich im Zuge einer spektakulären Belagerung erobert wurde. Auch der Hundertjährige Krieg zwischen Frankreich und England brachte ebenso zahlreiche eindrucksvolle Burganlagen wie die Bewegung der im 12. und 13. Jahrhundert politisch als Ketzer verfolgten Katharer in Südfrankreich hervor, wovon u. a. die Burgruinen Peyrepertuse, Quéribus, Puylaurens, Puivert, Montségur, Lastours und Termes sowie die restaurierte Stadtbefestigung von Carcassonne großartige Zeugnisse ablegen.

All diese Bauwerke stehen als Sonderbauten weit außerhalb der Norm des Deutschen Reiches. Unglücklicherweise nimmt dies die populärwissenschaftliche Burgenliteratur, die sich besonders an den Kreuzritterburgen, den walisischen Okkupationsburgen und dem Klischee der permanent umkämpfen Burg begeistert, anders wahr und vermittelt daher in den (oft aus dem Englischen oder Französischen übersetzten) Büchern ein unbrauchbares Bild der deutschen Adelsburg.

Die Burg im Krieg

Mit dem Thema Krieg hat sich die Burgenliteratur ebenso enthusiastisch wie unkritisch beschäftigt. Denn zeitgenössische Schilderungen von Belagerungen neigten stets – unabhängig davon, welche Kriegspartei über Sieg oder Niederlage berichtete – zu starker subjektiver Verfälschung, die der eigenen Selbsterhöhung oder Ehrenrettung diente. Überdies wurde die tatsächliche Wehrfähigkeit der Burg nie hinterfragt, sondern als Selbstverständlichkeit vorausgesetzt.

1981 einsetzende praktische Schießversuche an Bogenscharten des 13. Jahrhunderts der Burgen White Castle (Wales), Coudray-Salbart, Castelnaud, Budos und Najac (F) sowie neuerdings Neuleiningen, Gräfenstein, Ortenburg, Birkenfels und Spesburg (Elsass) erbrachten ebenso wie kritische Nutzungsanalysen der Schießscharten später schottischer Burgen und der Steigbügelscharten an der Burg Rechburg die keinesfalls überraschende Erkenntnis, dass der Großteil aller Schießscharten nur bedingt effizient zu nutzen war. Zumeist fehlten dem Schützen an der Scharteninnenseite sowohl die benötigte Bewegungsfreiheit als auch die freie Sicht. Lediglich die Ortenburg und die Spesburg besaßen aufgrund ihrer großen Innenkammern sinnvoll konzipierte Schießscharten, wobei diese Innenkammern das Mauerwerk natürlich stark schwächten. Daraus lassen sich zwei Schlussfolgerungen ableiten: Erstens erforderte die Anlage einer effizienten Schießscharte einen waffentechnisch bewanderten Baumeister, zweitens trat der funktionale Wert offenbar hinter den symbolischen zurück. Letzteres ist für das Verständnis einer Burg grundsätzlich von großer Bedeutung: Wehrelemente repräsentieren par excellence das Privileg des Adels, sich befestigen zu dürfen – weshalb ihnen per se ein hoher Symbolwert zukam. Ihr Vorhandensein diente somit nicht nur realer Wehrhaftigkeit, sondern in besonderem Maße der Selbstinszenierung. In einer unaufgeklärten Welt durfte die Symbolhaftigkeit über die Funktionalität dominieren.

Die englischen Burgenforscher haben den Symbolgehalt ihrer Burgen in den letzten dreißig Jahren konsequent erforscht und begreifen nun die Anlage besonders breiter oder tiefer Burggräben auch als demonstrative Akte der Macht. Die komplexe Untersuchung der 1385 errichteten Burg Bodiam gegen Ende der 1980er Jahre erstreckte sich auch auf deren Umland und ließ eine raffinierte Landschaftsgestaltung mit entsprechend geschickter Zuwegung erkennen, die darauf hinzielte, die Burg möglichst optimal zur Geltung zu bringen. Weiterführende Forschungen u.a. an den Burgen Castle Rising, Knaresborough, Warkworth, Tattershall und Hedingham zeigten, dass sich diese Machtinszenierung im Inneren der Burgen durchaus bis in die Halle hinein fortsetzte, wo der Burgherr von einem hölzernen Podest am *dais end* auf seine Gäste und Gefolgsleute hinabblickte.

Befreit man die Burg von den fantasievollen Beigaben des 18. und 19. Jahrhunderts sowie von den Zu- und Ausbauten des 15. bis 17. Jahrhunderts, so gewinnt man nicht nur ein ganz anderes Bild von Burgbelagerungen, sondern auch von den Burgen selbst.

Große Heere mit schwerem Belagerungsgerät zogen im 12. und 13. Jahrhundert nur selten gegen Burgen. Eine solche Ausnahme traf die Burg Weißensee («Runneburg») in Thüringen gleich zweimal und nur innerhalb von acht Jahren: 1204 erschien König Philipp (1198–1208) mit mehreren Tausend Mann vor der Burg der thüringischen Landgrafen, woraufhin diese binnen sechs Wochen übergeben wurde. Eine zweite, wesentlich heftigere Belagerung durch Kaiser Otto IV. (1198–1215) im Jahr 1212 unter Einsatz einer gewaltigen Wurfmaschine endete dagegen mit dem Abzug der Belagerer – und dies, obwohl die Wurfmaschine, eine damals als *instrumentum diabolicum* beschriebene Blide, 150 Pfund schwere Steinkugeln mit erstaunlicher Präzision 400 Meter weit zu schleudern vermochte und auf der Burg beträchtliche Schäden anrichtete. Da an der Burg keinerlei spürbare Neubefestigungen zwischen 1204 und 1212 vorgenommen worden waren, lässt sich an diesem Beispiel ein Faktor greifen, der maßgeblich über den Ausgang einer Belagerung entschied, sich aber weder in der Stärke der Burgmauern noch in der personellen und maschinellen Ausstattung der Belagerer und Belagerten manifestierte: der menschliche Faktor in Verbindung mit den psychologischen Faktoren Motivation und Moral. Diese sorgten dafür, dass manch großartiger Wehrbau umgehend fiel, während an sich schwach befestigte Plätze zu nicht zu erobernden Trutzwerken mutierten. Letzteres ließ sich im Jahre 1565 an dem eher unbedeutenden maltesischen Fort St. Elmo beobachten, das einen Monat lang dem Ansturm und Bombardement einer übermächtigen türkischen Armee trotzte und dadurch letztlich den Fall Europas verhinderte – was den 1200 Verteidigern durchaus bewusst war.

Versuche, Burgmauern im Sturmangriff mit Leiter zu nehmen, forderten einen hohen Blutzoll von den Angreifern, hinderten die Verteidiger aber oft daran, sich auf neuralgische Punkte konzentrieren zu können. Solch stark gefährdete Zonen zeichneten sich dort ab, wo z. B. riesige Holztürme, auch bekannt als Wandeltürme, mit ihren ausfahrbaren Stegen in unmittelbare Nähe der Mauern vorgeschoben werden konnten. Diese hölzernen Ungetüme waren gefürchtet, zugleich aber wegen ihrer hohen Bau- und Transportkosten lediglich Königen und Fürsten verfügbar. Nur aus diesem Grund kamen sie während der Kreuzzüge, an denen Vertreter aus adeligen Führungsschichten Frankreichs, Englands und Deutschlands teilnahmen, vermehrt zum Einsatz. Ihr Wirkungsbereich beschränkte sich auf Niederungsburgen und Stadtbefestigungen, setzte dort allerdings das für die Angreifer gefährliche Verfüllen der Gräben voraus, um die Wandeltürme an die Mauern rollen zu können. Eben damit beschäftigten sich die Kreuzfahrer am 13. und 14. Juni 1099 vor den Mauern von Jerusalem, wobei sie unter dem heftigen Beschuss der Verteidiger schwere Verluste erlitten.

Wo bei Höhenburgen vor dem 15. Jahrhundert schweres Kriegsgerät zum Einsatz kam, muss es sich um Wurfmaschinen

(Bliden, Trebuchet) oder Katapulte (Mangen) gehandelt haben, die man auf benachbarten Höhen installierte. Die Burg Schwarzenberg, deren Existenz kurz vor 1290 zum Bau der erzbischöflich-trierischen Gegenburg Dagstuhl geführt hatte, wurde 1293 fast einen Monat lang durch den Trierer Erzbischof Boemund gemeinsam mit Herzog Friedrich von Lothringen mit schwerstem Kriegsgerät «auf das schrecklichste» beschossen *(horribiliter impetierunt ...)* und dabei dem Erdboden gleichgemacht.

Scheiterten die Sturmangriffe auf eine Burg oder wollte man sich die damit verbundenen hohen Verluste ersparen, legte man die Belagerung längerfristig an. Zu diesem Zweck errichtete man Belagerungsburgen oder Gegenburgen mit festen Besatzungen, schloss die Belagerten ein und versuchte sie auszuhungern oder psychisch zu zermürben. Dies war jedoch mit beträchtlichen Kosten verbunden, da eine aufwendige Versorgungslogistik aufrechterhalten und die Kriegsmannschaft finanziell entschädigt werden musste. Oft bedeuteten die Saat- oder Erntezeiten das Aus einer sich lang hinziehenden Belagerung.

Im Zuge langwieriger Belagerungen trieb man bei geeignetem Untergrund Minen bzw. Stollen unter die Burgbauten, versteifte diese mit Holz, verfüllte sie mit gut brennbarem Material – beliebt waren gut genährte Rinder – und entzündete dieses. Durch den nachfolgenden Einsturz des Stollens brachen auch die darüber liegenden Mauern. Dieses Vorgehen ist in mehreren Fällen schriftlich für die Kreuzzüge überliefert – so seitens der Araber beispielsweise im Jahr 1285 bei der Burg Margat. Eine Belagerungsmine führte man im Jahr 1332 unter die Burgruine Alt-Windstein (Elsass), von der aus man vergeblich eine Gegenmine vortrieb. Auch den Bergfried der Burg Zug (CH) versuchte man 1352 mit Hilfe eines kurzen U-förmigen Tunnels einzunehmen.

Eine weniger aufwendige Methode bestand darin, im Schutz einer festen oder mobilen Überdachung, auch «Katze» genannt, den Mauerfuß zu durchhacken. Die hierdurch entstehende Aushöhlung erfuhr dieselbe Behandlung wie die Belagerungsmine. Breschen in der Stadtmauer von Rothenburg (CH, belagert

1382) und in der Neu-Habsburg (CH, belagert 1352) illustrieren dies anschaulich.

Unabhängig von solchen Belagerungsstrategien fielen stark befestigte Plätze aber auch durch List – überliefert sind beispielsweise gefälschte Botschaften – oder durch Verrat.

Eine revolutionäre Neuerung in der spätmittelalterlichen Kriegführung bedeutete das Aufkommen der Feuerwaffen in den 1320er Jahren. Verschossen die ersten vasenförmigen Geschütze noch Feuerpfeile, so kamen rasch wesentlich effizientere schmiedeeiserne Steinbüchsen in Gebrauch, die Steinkugeln mit einem Kaliber von bis zu 80 Zentimetern verschießen konnten. Neben sie traten ab der zweiten Hälfte des 14. Jahrhunderts erste aus Bronze gegossene Büchsen. Durch die Erfindung der Zweiteilung in Flug und Kammer ließen sich diese Geschütze viel besser laden und mit dem Aufkommen von Lafetten wesentlich leichter ausrichten als auf den schweren Legegestellen. Auf den Burgen kamen an den Geschützscharten vorwiegend kleinere Büchsen wie Kammerbüchsen und Kammerschlangen sowie auf die Mauerkronen montierte Tarrasbüchsen zum Einsatz. Sie wurden begleitet durch die ersten Handgewehre, die Hakenbüchsen, die zum besseren Visieren und zum Abdämpfen des Rückstoßes unten am Lauf einen Eisenhaken trugen, den man an der Schießscharte an einem horizontalen Balken («Prellholz») einhängen konnte.

Während die Waffeninventare der Zeughäuser wohlhabender Städte bereits vor 1400 zahlreiche Geschütze auflisten, fällt auf den nicht landesherrlichen Burgen der Nachweis ungleich schwerer. So wissen wir, dass 1377 in der Burg Hermannstein ein Büchsenwagen (*bossenwen*) stand und 1396 in der eroberten Burg Boetzelaer ein Geschütz erbeutet wurde.

Auch bei Burgbelagerungen entfaltete das Schwarzpulver verherende Wirkung, sobald es als Sprengstoff in Minen oder Mauerbreschen eingesetzt wurde. Doch die Behauptung, die Wurf- und Schleudermaschinen seien umgehend durch Geschütze abgelöst und ersetzt worden, entspricht nicht der historischen Wirklichkeit, denn beide erscheinen nebeneinander in Schrift- und Bildquellen, und zwar noch bis ins 16. Jahrhundert.

Als die Grafen von Nassau, das Erzbistum Mainz und die Grafen von Neukatzelnbogen 1395/96 die langwierige Belagerung der Burg (Neu-)Elkershausen aufnahmen, errichteten sie nicht nur die Gegenburg Gräfeneck, sondern setzten auch große Büchsen und Bliden (*großen bossen, mit bliden*) ein.

Wie furchtbar man sich solche Belagerungen vorzustellen hat, lässt sich in dem Satz zusammenfassen: «Im Krieg ist alles erlaubt.» Diese Redewendung hatte sicher ihre Berechtigung, denn wenn auch Militärschriftsteller wie Mariano Taccola (*De Rebus Militaribus,* 1449) zwischen ehrenhaften und unehrenhaften Kriegsmethoden unterschieden, gaben sie dennoch detaillierte Anweisungen, welche unehrenhafte Greueltaten man mit Aussicht auf Erfolg einsetzen konnte: Im Zuge der psychologischen Kriegführung schleuderte man beispielsweise Köpfe oder Gliedmaßen getöteter Verteidiger in die belagerten Orte, oder man attackierte sie in gleicher Weise mit Leichnamen, Aas und Fäkalien, die Seuchen verbreiten sollten, oder mit Mäusen und Katzen, die man in Pech oder Öl getränkt hatte und sie dann brennend über die Mauern warf, um dahinter Brände auszulösen.

Der Turm im Schach: Burgenpolitik

Begreift man die Burg als zentrales Instrument zur Konsolidierung und Ausübung von Herrschaft über ein räumlich begrenztes Gebiet, so ergeben sich daraus weitreichende Folgerungen. Denn erst der Besitz einer Burg ermöglichte die politische, wirtschaftliche, rechtliche und militärische Sicherung eines Territoriums. Alle Adeligen, gleich welcher Stufe, teilten das Bestreben, ihre Besitzungen zu arrondieren und geschlossene Territorien zu schaffen. Territorialreichtum bedeutet Macht. Im Grunde kam der Burg daher eine Funktion zu wie der namensgleichen Figur im Schach, wobei die Schachfelder für Territorien stehen. Beansprucht man ein Feld für sich, besetzt man es mit seiner Figur bzw. seiner Burg. Territorialpolitik war demzufolge eine Art Burgenschach. Im Hoch- und Spätmittelalter gab es mehrere Möglichkeiten, sich über eine Burg den Zugriff auf ein bestimmtes Territorium zu sichern. Natürlich war der Bau einer eigenen Burg das probateste Mittel. Dass Burgen die Erhebung von Zöllen, Mauten und Geleiteinnahmen ermöglichten, zeigt das Beispiel der Rheinburgen (S. 47). Zugleich sollten Burgen wertvolle Wirtschaftsbetriebe wie Bergwerke, Hammerwerke, Münzstätten, Mühlen oder florierende Siedlungen, aber auch bedeutende Verkehrswege schützen und ihr Umland befrieden.

Signifikant ist die Burgenpolitik, die Graf Meinhard II. von Tirol gegen Ende des 13. Jahrhunderts betrieb und die zur Errichtung der höchstgelegenen Burg Deutschlands führte: Falkenstein im Ostallgäu. Dieses Feste Haus liegt 400 Meter über Pfronten auf einem teilweise senkrecht abfallenden Felskopf in alpiner Höhe (1277 Meter über dem Meer). Meinhard war der Stiefvater des 1268 in Neapel enthaupteten letzten Staufers Konradin. Direkt nach dessen Tod visualisierte er mit dem Bau dieser spektakulär platzierten Burg seine Erbansprüche auf den für ihn strategisch enorm wichtigen Füssener Raum, der das Tor zum Fernpass Richtung Innsbruck bildete. Über diesen Verkehrsweg – tatsächlich als spätrömische Via Claudia Augusta einer der wichtigsten Transferrouten zwischen Nord- und Südeuropa – wurden damals mehr als eine Million (!) Kilogramm Salz von Hall Richtung Süden verhandelt. Zugleich stellte die Via Claudia aber auch eine gefährliche Invasionsroute dar, die durch die zu hoch gelegene Burg Falkenstein nicht gesichert werden konnte. Nachdem der Falkenstein als unübersehbare, steinerne Drohgebärde gegen Meinhards Erbkonkurrenten, die bayerischen Herzöge und das Bistum Augsburg, seinen Zweck verfehlte und aufgrund seiner extremen Höhenlage nur noch Unterhaltskosten verursachte, kaum zu bewohnen und überdies auch militärisch nutzlos war, belehnte Meinhard 1290 den Augsburger Bischof Wolfhard mit dem *castrum phronten* – wie der eigentliche Name der Burg lautete. Diese diente fortan Augsburger Pflegern als unkomfortabler und ungeliebter Sitz. So entledigte sich Meinhard nicht nur der lästigen Unterhaltskosten, sondern gewann zugleich einen wichtigen Verbündeten in seiner Auseinandersetzung mit dem bayerischen Herzogtum. Diese geniale Aktion war aber nur ein lang geplanter, geschickter Zwischenzug in einem Burgenschach, in dessen Verlauf Meinhard zwischen 1285 und 1296 den Fernpass bzw. die alte Via Claudia Augusta durch den Bau von Sperrwerken am Fernsteinsee und in Ehrenberg bei Reutte schrittweise befestigte.

Aufschlussreich ist auch eine Betrachtung des Bauplatzes der Burg Burghausen, die sich entlang des Flusses Salzach über ein extrem langes und zugleich schmales Vorgebirge erstreckt. Diesem Umstand verdankt die Burg ihre ungewöhnliche Konzeption einer über einen Kilometer langen Burganlage mit der Hauptburg am äußersten, d. h. südlichen Ende und fünf vorgelagerten Vorburgen, die in ihrer heutigen Gestalt auf einen Großausbau der Burg unter Herzog Georg dem Reichen (1479–1503) zurückgehen. 2001–2003 durchgeführte Grabungen ergaben, dass bereits die Grafen von Burghausen im 11. Jahrhundert das Vorgebirge in voller Länge überbaut hatten, wenn auch mit einer geringeren Zahl an Vorburgen. Dass sie an diesem Platz eine erste Burg errichteten war allein dem Umstand geschuldet, dass dort ein Flussübergang existierte, wo man bereits im Jahr 1130 Salzzölle erhob. Brücke und Schiffsverkehr garantierten schon damals erhebliche Einnahmen aus Mauten und Zöllen für Salztransporte. Die Wirtschaftskraft von Burghausen wuchs nochmals merklich 1333, als die sich um die Mautstation entwickelnde Siedlung ein Stapelrecht erhielt. Diesen wertvollen Wirtschaftsstandort zu sichern war die Hauptaufgabe der gewaltigen Burg.

Weithin bekannt und auch hinreichend publiziert ist die expansive und aggressive Burgenpolitik des Trierer Bischofs Balduin von Luxemburg (1307–54), der nicht zuletzt durch den Bau von Belagerungsburgen und Gegenburgen zahlreiche aufsässige Adelsgeschlechter unterwarf (beispielsweise die Burg Eltz, S. 51) und sich dann deren Territorien einverleibte.

Für die Burg Dagstuhl ist überliefert, dass sie der Trierer Erzbischof Boemund I. (1286–99) kurz vor 1290 widerrechtlich auf fremden Grund als Gegenburg zur benachbarten Schwarzenburg erbauen ließ (S. 38). Deren Burgherren hatten sich bis dato den mitunter gewaltsamen Anstrengungen des Bistums, dieses widersetzliche Territorium zu übernehmen, erfolgreich entgegengestellt. Eine im Juni 1290 eingesetzte Kommission hatte die Rechtsgrundlage des Burgneubaus zu prüfen.

Das Öffnungsrecht

Ein wichtiges Instrument der Burgenpolitik war das «Öffnungsrecht» – *jure/ius aperturae* –, das einem Lehensherrn, Territorialherrn oder Schirmherrn im Kriegsfall auf der Grundlage eines speziellen Vertrags den militärischen Zugriff auf eine bestimmte Burg ermöglichte. Dabei konnte es sich um Fremdburgen, Lehenburgen und Eigenburgen handeln. Im Falle der Fremdburg wurde ein unabhängiger Burgherr gewonnen, während bei der Lehenburg das Öffnungsrecht an die Vergabe des Lehens gebunden war. Verkaufte oder verpfändete man eigene Burgen, so verknüpfte man dies mit einem Öffnungsvertrag, der an die Burg gebunden blieb. Der Öffner trat dafür im Gegenzug zumeist in ein Schutz- und Trutzbündnis ein. Öffnungsverträge reichen bis in das 11. Jahrhundert zurück, häuften sich dann aber seit der zweiten Hälfte des 13. Jahrhunderts.

Für 260 bayerische Burgen ließen sich zwischen 1330 und 1604 nicht weniger als 350 solche Öffnungsverträge nachweisen. Nicht nur die Könige und Dynasten bedienten sich des Öffnungsrechts, sondern auch Reichsstädte wie Nürnberg, das im weiten Umgriff der Stadt zahlreiche Adelige und Patrizier dazu verpflichtete, ihre Burgen und Herrensitze der Stadt als Offenhäuser zur Verfügung zu stellen. Im Gegenzug gewährte man den betreffenden Adeligen das Bürgerrecht. Auch andere Städte wie Frankfurt agierten ähnlich. Das Hochstift Bamberg bediente sich seit dem zweiten Drittel des 14. Jahrhunderts häufig solcher Offenhaus- bzw. Gewartungsverträge, die Hochstifte Würzburg und Passau dagegen weit weniger. Mit dem Schwinden der militärischen Relevanz der Burgen im 16. Jahrhundert verlor auch das Öffnungsrecht zunehmend an Bedeutung.

Ganerbschaft

Im strengen Sinn versteht man unter einem Ganerben eine Person, der innerhalb einer familiären Erbteilung ein Erbteil zugefallen war. Ganerbschaften bildeten sich dann, wenn sich mehrere Erbnehmer untereinander gleichberechtigt ein- und dasselbe Lehen teilen mussten. Durch Heirat, Verkauf, Tausch oder Verpfändung konnten allerdings komplizierte Ganerbschaften entstehen, die diffizile Vertragswerke, sog. Burgfriedensverträge, erforderlich machten. In ihnen regelte man die Pflichten jedes Ganerben in Kriegs- und Friedenszeiten, legte fest, welche Baulichkeiten allen Ganerben zugänglich bleiben mussten – meistens Brücke, Tor, Kapelle und Brunnen –, wer zudem wann welche Aufgaben zu übernehmen hatte und welche Auflagen bei einer geplanten Veräußerung des Ganerbteils zur Geltung kamen. Überdies schrieb man in solchen Übereinkünften die finanziellen Konditionen des Bauunterhalts fest: die Höhe des jährlich einzuzahlenden Baugelds jedes Ganerben und die Entnahmen für bestimmte bauliche Maßnahmen. Die Durchführung der Baumaßnahmen und die Abrechnung unterlagen dem Baumeister, der aus dem Kreis der Ganerben gewählt wurde.

In der Realität, in der eine weniger strikte Definition des Ganerbwesens praktiziert wurde, brauchten die Ganerben einer Ganerbenburg durchaus nicht miteinander verwandt sein. Als das Geschlecht der Herren von Dagstuhl 1375 im Mannesstamm erlosch, kam das Erbe über die vier Erbtöchter an vier verschiedene Adelsfamilien, die umgehend die Burg ausbauten und in vier «Küchen» (Wohneinheiten) unterteilten. Die Ganerben – in diesem Falle als «Gemeiner» bezeichnet – trafen sich vertragsgemäß jährlich auf dem Gemeinertag, an dem die Bauausgaben detailliert abgerechnet wurden. Die dazu erforderliche Buchhaltung von Dagstuhl gestattet ungewöhnlich tiefe Einblicke in Bauunterhalt, Baulogistik, Kosten von Baumaterialien, Funktionen der Baulichkeiten und in das Alltagsleben einer spätmittelalterlichen Burg.

Anders verhielt es sich auf der Burg Treffurt, auf der die Landgrafen von Hessen, die Herzöge von Sachsen und die Erzbischöfe von Mainz 1336/37 miteinander eine Ganerbschaft konstituierten, um sich der strategisch wertvollen Burg zu versichern. Aus ähnlichen Gründen belehnte der Würzburger Bischof kurz nach 1354 sechs oder sieben lokale Adelsfamilien mit Teilbereichen der kleinen Burg Lichtenstein in Bayern, die daraufhin in mehrere Kleinstsitze unterteilt werden musste. Die alteingesessenen Herren von Lichtenstein, die bezeichnenderweise den Palas befestigten, amtierten dabei als Baumeister bzw. Burgverwalter. Auf der nahegelegenen Salzburg setzte der Würzburger Bischof bereits um 1200 zusätzlich zum Schultheißen und Vogt eine Dienstmannschaft – *urbani* – aus fünf Ministerialenfamilien ein, die je ein Burglehen (*curiam*) aus einem Weinberganteil, einem Turm (*turrim*) und einer Behausung (*mansionem*) erhielten. Obwohl diese Dienstmannschaft eher als Burgmannschaft zu definieren ist, gilt die Salzburg als Ganerbenburg. Unter den zahlreichen Ganerbenburgen, die sich im 14. und 15. Jahrhundert in territorial stark zersplitterten Gebieten wie Franken, Hessen, Schwaben und dem heutigen Rheinland-Pfalz häuften, ist die Burg Eltz als Inbegriff einer Ganerbenburg hervorzuheben. Ihre pittoreske Verschachtelung von Wohntürmen ist auf die 1268 erfolgte Aufspaltung der Familie in drei Hauptlinien zurückzuführen. Beachtliche 89 Anteile umfasste die Ganerbschaft der Burg Rothenberg in Bayern im Jahr 1509.

Abschließend sei betont, dass der Begriff der Ganerbenburg zwar einen spezifischen Funktionstyp umschreibt, dieser sich aber auch architektonisch manifestiert, wie die Burgen Lichtenstein, Eltz und Salzburg beweisen. Da die Ganerbschaft zumeist ein später hinzugekommenes Rechtskonstrukt darstellte, mussten die Burgen nachträglich zu- und ausgebaut werden, was zu kuriosen Baulösungen führte. Allein die riesige Salzburg verkraftete den Zugewinn an Burginsassen problemlos.

5. Die ewige Baustelle

Bis zum 14. Jahrhundert hatte sich die mittelalterliche Landschaft derart mit Burgen gefüllt, dass Künstler das Motiv der Gipfelburg als attraktive Landschaftskomponente in die zeitgenössische Ikonographie integrierten. Zahlreiche Miniaturen konfrontieren uns mit Hintergrundkulissen aus einer Vielzahl burgenbestandener Hügel. Was diese Bildquellen wiedergeben, ist historische Realität, ist das Endprodukt eines 300 Jahre währenden Prozesses, in dessen Verlauf die politische Landschaft vor allem zwischen 1050 und 1350 in Herrschaftsterritorien unterteilt, dabei wirtschaftlich erschlossen, verwaltungstechnisch strukturiert und zu diesem Zweck mit Burgen überzogen wurde.

Wie viele Burgen während dieser Zeitspanne auf deutschem Boden errichtet wurden, wissen wir nicht. Zu viele Anlagen sind aufgrund ihrer vergänglichen Materialien – Holz und Erde – völlig verschwunden, manche Regionen noch nicht fachkundig inventarisiert. Und dort, wo umfassende Inventarisierungen stattfanden, hat man bisweilen den Bodendenkmälern keinen größeren Wert beigemessen und das Augenmerk auf gemauerte Objekte gerichtet. Was auf das heutige Deutschland zutrifft, galt einst in weit stärkerem Maße für das gesamte Heilige Römische Reich, das *Sacrum Romanum Imperium,* dessen Burgenreichtum nicht einmal ansatzweise bekannt ist. Schätzungs- oder überschlagsweise sollen einst allein im deutschsprachigen Raum etwa 20 000 Burgen gestanden haben. Wenn man diese Zahl als weitgehend fiktiv akzeptiert, wird man sie eher stark nach oben korrigieren müssen, denn beinah tagtäglich werden mit den Prospektionsmethoden der modernen Archäologie weitere, bislang unbekannte bzw. längst verschollene Anlagen entdeckt. Die Bearbeiter eines seriösen, da wissenschaftlich ausgerichteten Burgeninventars der Deutschen Burgenvereinigung («EBIDAT») haben zwar mittlerweile die Bundesländer Nordrhein-Westfalen, Rheinland-Pfalz und Niedersachsen erfasst und dabei wesentlich mehr Objekte ermittelt als vorher bekannt, sind jedoch noch weit von einem bundesweiten Abschluss entfernt.

Kriterien der Standortwahl

Angesichts des Umstands, dass im Hoch- und Spätmittelalter die Landschaft – anders als heute – maßgeblich von Burgen geprägt war, drängt sich wiederum eine vermeintlich banale, tatsächlich aber alles andere als kurz zu beantwortende Frage auf: Wer hat wo und warum eine Burg errichtet?

Als Herrschaftszentrum musste die Burg mehrere Kriterien erfüllen, die nicht einfach zu kombinieren waren: Sie musste ein gut gesicherter, also wehrhafter und schutzbereiter, zugleich aber auch gut erreich- und bewohnbarer Ort sein. Sie musste aus strategischen und logistischen Gründen in ein vorhandenes Wegenetz eingebunden sein und sich aus monetären Gründen (Zölle, Mauten, Geleitrechte) an wichtigen Verkehrsadern orientieren – etwa an Kreuzungen von bedeutenden Handelswegen, an Furten oder Brücken, an Pässen, an Fluss- und Seehäfen und an anderen Orten mit Stapelrechten.

Entlang des Mittelrheins entstanden dort Burgen, wo sich Territorialmächten wie den Erzbistümern von Köln, Trier und Mainz, dem Reich und einigen hochstehenden Adelsfamilien wie den Grafen von Katzenelnbogen, den Herren von Bolanden und den Rheingrafen Gelegenheit bot, auf eigenem Grund und Boden Zoll zu erheben. Im 14. Jahrhundert reihten sich in dieser Region zum Verdruss der Reisenden, vor allem aber der Händler, über vierzig Zollstätten hintereinander.

Wenn möglich, sollte eine Burg überdies so platziert sein, dass sie den für ihre Versorgung lebenswichtigen eigenen Wirtschaftshof samt den besten Weide- und Ackergründen direkt beschirmen konnte. Schützenswerte Plätze konnten aber auch Bergwerke, Hammerwerke oder Mühlen darstellen. Weit häufiger lief dieser Besiedlungsprozess umgekehrt ab: Händler, Handwerker und Müller, aber auch Münzstätten, suchten den Schutz der Burg, um ihren Geschäften ungestört nachgehen zu können. In Bozen entstand bald nach 1290 im Schutz der landesherrlichen Burg sogar eine Pfandleihbank – das sogenannte Wucherhaus. Wie in Burghausen wuchsen daher im Schatten der Burg, geplant oder ungeplant, oft kleine Siedlungen zu wirtschaftlich florierenden Orten. Daher stellten Burgen häufig die Keimzellen späterer Städte dar.

Auch bei der Urbarmachung von Waldgebieten oder versumpften Ebenen spielte die Burg eine zentrale Rolle. Auf eine Funktion als ehemaliges Rodungszentrum verweisen Burgnamen wie Rodenberg, Rodeneck, Rodenegg und Rodenstein.

Der Bauplatz einer Burg musste vor allem den logistischen

Anforderungen an eine Großbaustelle gerecht werden. Optimal war natürlich ein Bauplatz, an dem der Großteil des Baumaterials unmittelbar vor Ort gewonnen werden konnte. Während die populäre Burgenliteratur stets die Wasserversorgung als wichtiges Standortkriterium anführt, maß man dieser beim Bau von Höhenburgen tatsächlich erstaunlich wenig Bedeutung bei und gab sich mit dem «Bau von kapazitätsschwachen Zisternen und einfachen Schachtbrunnen» (Werner Meyer, CH 1999) zufrieden – falls man Letztere überhaupt anlegte.

All diese auf den Großteil unserer Burgen zutreffenden Aspekte nahmen Einfluss auf die Wahl des Bauplatzes. Hinzu kommt, dass die Burgherren danach trachteten, insofern möglich, ihren Eigenbesitz, das sogenannte Allod, zu bebauen.

Weit unterschätzt wurde bislang der Aspekt der optischen Fernwirkung, der visuellen Machtinszenierung: dass man die Burg dort erbaute, wo sie in der Landschaft am besten ihre beherrschende Wirkung entfaltete, wo sie die Macht des Burgherrn am eindrucksvollsten zur Geltung brachte. Dass der Hochadel seit dem 11. Jahrhundert seine kaum befestigten Sitze in den Niederungen aufgab, um auf neu erbaute, weit weniger komfortable, da hochgelegene, Steinburgen zu ziehen, ist ein Prozess, den die Historiker mit dem Begriff der «Vertikalverschiebung» beschreiben. Entscheidender Impetus dafür war das Bestreben der Herren, ihre neue gesellschaftliche Vormachtstellung räumlich zu visualisieren und die Herrschaftshierarchie gewissermaßen auch dreidimensional umzusetzen. Für diese Machtdemonstration eigneten sich unter geeigneten geografischen Bedingungen Gipfelburgen in besonderer Weise, da sich die Vasallen mit niedriger gelegenen Plätzen begnügen mussten. Dies wird besonders deutlich in den Flachlanden am Niederrhein, wo die führenden Adelsfamilien schon im 11. und 12. Jahrhundert die wenigen weithin sichtbaren Erhebungen okkupierten und mit stattlichen Burgen bebauten (Heinsberg, Landsberg, Liedberg, Schwanenburg in Kleve, Wassenberg). Diese dreidimensionale Inszenierung von Macht lässt sich jedoch im gesamten deutschsprachigen Raum beobachten.

Einige aktuelle, regional ausgerichtete Untersuchungen zur

Topographie von Burgen im südlichen Hinterland von Basel, im Allgäu und in den Haßbergen (Unterfranken) erbrachten die nicht wirklich überraschende Erkenntnis, dass dort der wichtigste Aspekt der Standortwahl darin bestand, «die Burg weithin sichtbar als Machtsymbol und Herrschaftszeichen wirken zu lassen» (Schmaedecke 2014 über den Baseler Raum). Diesem Bestreben ordnete man praktische Bedürfnisse unter.

Topographie des Bauplatzes

Die immer wieder anzutreffende Behauptung, die meisten Burgen seien in kaum zu erstürmenden Höhen errichtete Gipfelburgen, ist unzutreffend: Der Großteil unserer Höhenburgen nimmt Positionen auf Bergspornen ein und ist somit als Spornburgen zu klassifizieren. Bei diesen Bauplätzen handelt es sich in der Regel um Vorgebirge oder Bergnasen, die nahe dem Talgrund von einem Berghang spornartig in das Tal oder das Umland vorspringen. Durch diese exponierte, offensiv wirkende Lage beherrschten sie optisch die Landschaft, beeindruckten sie jeden im Tal Reisenden, zumal die Reisewege einst eher an den Rändern solcher Erhebungen verliefen. Bezeichnenderweise nahm man für diese Machtentfaltung bereitwillig den fortifikatorischen Nachteil in Kauf, dass Spornburgen bergseitig von den steil ansteigenden Hängen bereits auf kurze Distanz überragt wurden. Um dieses gravierende fortifikatorische Handicap zu minimieren, entwickelte man zwischen 1250 und 1350 den Typ der Schildmauerburg (S. 112). Es waren folglich keinesfalls nur wehrtechnische Aspekte, die bei der Wahl des Bauplatzes eine Rolle spielten – ganz im Gegenteil.

Bezeichnenderweise belegt eine der bedeutendsten stauferzeitlichen Burganlagen Deutschlands, die Wildenburg im Odenwald, einen in wehrtechnischer Hinsicht geradezu fatalen Lageplatz auf einem tief gelegenen Bergsporn des Preunschenberges, wo sie bereits von ihrer eigenen Vorburg überragt wird. Sie stellt zwar der gefährdeten Seite einen über Eck gestellten Bergfried und eine leicht verstärkte Frontmauer entgegen, zeichnet sich ansonsten aber eher durch hochwertigen Bauschmuck und aufwendige Bauformen als durch fortifikatorische Vorzüge aus.

Ganz augenscheinlich ignorierten ihre Erbauer, die Herren von Durn, im späten 12. Jahrhundert bei der Wahl ihres Bauplatzes schwerwiegende verteidigungstechnische Defizite, obwohl dieses Gebiet damals als unruhig galt. Angesichts dieses Widerspruchs drängt sich der Gedanke auf, Ruprecht von Durn habe durch die herausragende Qualität seines Bauwerks und gerade durch die Wahl eines verwundbaren Lageplatzes Furchtlosigkeit und damit wiederum Macht demonstrieren wollen.

Richtet man den Blick auf eine der berühmtesten Burgenlandschaften Deutschlands, das mittlere Rheintal, so stößt man auch dort, mit Ausnahme der Gipfelburg Marksburg, auf flussnahe Spornburgen, die gelegentlich sogar auf extremen Hanglagen errichtet wurden (Ehrenfels, Neukatzelnbogen [«Katz»], Rheinstein, Stahleck, Stolzenfels). Gleiches gilt für eine andere herausragende Burgenlandschaft Europas: Südtirol (Haderburg, Karneid, Laimburg, Neuhaus, Ried, Trostburg, Wolfsthurn). Die staunenswerte Nachrangigkeit wehrtechnischer Belange bei der Suche nach einem geeigneten Bauplatz wird weiterhin dadurch verdeutlicht, dass in der direkten Umgebung etlicher Spornburgen wesentlich besser geschützte Lageplätze zu finden gewesen wären, so etwa im Falle der österreichischen Burg Vilsegg.

Zweifelsohne bildete die Nähe zu Verkehrswegen ein sehr wichtiges Standortkriterium – was auch durch die Altstraßenforschung immer wieder herausgearbeitet wird. Die Anbindung an Verkehrsnetze brachte erhebliche Vorteile mit sich: eine weniger aufwendige Baulogistik, eine effiziente Verwaltung und Rechtsprechung, eine bessere optische Kontrolle der Wege, eine erleichterte Versorgung mit Viktualien und Wasser, zusätzliche Einnahmequellen durch Mauten, Zölle und Geleitrechte; waren Siedlungen in der Nähe, kamen Vorteile durch Handel, Gewerke und Warenumschlag hinzu, nicht zuletzt ein intensiver Kontakt zu Durchreisenden, die Nachrichten, Unterhaltung und Waren auf die Burgen brachten. Bisweilen sind die alten verkehrstechnischen Infrastrukturen noch gut zu erkennen wie im Falle der Burg Runkel, die sich imposant von einem steilen Felsriff oberhalb einer in den 1440er Jahren erbauten Steinbrücke über die

4 – Landschaft mit Höhenburgen, Talsperre, Fluss und Brücke. Radierung August Hirschvogel 1546

Lahn erhebt. Burg und Flussübergang reichen beide bis in die Zeit um 1150 zurück. Dieses klassische Ensemble aus Brücke/Furt und Burg ist häufig anzutreffen.

Um solche Kreuzungen als Standorte zu nutzen, nahmen Burgherren sogar mitunter katastrophale Lageplätze in Kauf. Ein anschauliches Beispiel dafür bietet die Burg Eppstein im Taunus, die inmitten eines Talkessels auf einem nur mäßig hohen Vorgebirge steht, daher von allen Seiten überragt wird. Gleiches gilt für die Burg Pottenstein in der Fränkischen Schweiz ungeachtet ihres steilen Burgfelsens. Eine wehrtechnisch ähnlich ungünstige Position kennzeichnet eine der bekanntesten Burgen Deutschlands, die Burg Eltz. Sie erhebt sich abgeschieden der heutigen Verkehrswege auf einem mäßig hohen Felskopf über einer Schleife des Eltzbaches, durch dessen Tal einst ein Handelsweg verlief, wird allerdings von mehreren benachbarten Höhen überragt. Eine davon in nur 225 Meter Entfernung wurde der wenig wehrhaften Burg in den Jahren 1331/33 tatsächlich zum Verhängnis, indem Kurfürst Balduin von Trier dort im Rahmen einer Fehde eine kleine Belagerungsburg, genannt Baldeneltz bzw. Trutzeltz, baute. Von dort aus schleuderten kleine Bliden zwei Jahre lang Steinkugeln auf die wehrlos 40 Meter tiefer im Tal liegende Burg Eltz, deren Besatzung sich, psychologisch zermürbt durch den steten Beschuss, schließlich ergab.

Baugestalt, Bauherr und Baumeister

Darüber, wie hierzulande der Bau einer Burg ablief, weiß man weit mehr als über die Personen, die ihn letztlich realisierten. Für die Erstellung von hölzernen Burgen wird man statt eines Baumeisters vielmehr einen sehr erfahrenen Zimmermann benötigt haben. Beim Bau einer gemauerten Burg waren weit schwierigere Aufgaben zu bewältigen. Die Entscheidung darüber, wo die Burg gebaut werden sollte und wie sie aussehen sollte, fällte in erster Linie der Bauherr. An diesem Entscheidungsprozess dürfte dennoch bereits ein Baumeister beteiligt gewesen sein, da die Wahl des Lageplatzes geologische Kenntnisse über Stabilität und Tragfähigkeit des Baugrunds, aber auch über die Qualität des Gesteins und seine Brauchbarkeit als Baumaterial erforderte. Auf die Gestalt der Burganlage wirkte die topografische Situation zwar maßgeblich ein, doch in gleichem Maße folgten die Bauherren modischen Bauformen. Was die Verbreitung der jeweils aktuellen Bauformen betraf, wirkten natürlich die Landesherren stilbildend, da ihre mächtigen Burgen Leitmotive für die Vasallen abgaben. Allerdings spielten innerhalb des Heiligen Römischen Reichs die wohlhabenden Städte, die sich hervorragende, teure Bauleute leisten konnten, als Vermittler von Baumoden eine weit wichtigere Rolle als bisher gedacht. Zweifelsohne kam in dieser Hinsicht Köln als wichtigste Stadt des deutschen Hochmittelalters herausragende Bedeutung zu.

Außer Zweifel steht, dass es für den Bau einer Burg eines Baumeisters bedurfte, der nicht nur den architektonischen Formenkanon dieses spezielles Gebäudetyps beherrschte, sondern diesen komplett durchzuplanen und die Errichtung dann vor Ort mit allen beteiligten Gewerken zu koordinieren vermochte. Mutete sich der Bauherr diese Aufgabe selbst zu, um Kosten zu sparen, oder beschäftigte er aus ebendiesen Gründen einen billigen Baumeister, könnte solch ein Sparen an der falschen Stelle manch kuriosen Baufehler und abrupte Umplanungen erklären.

Die schriftlichen und baulichen Hinterlassenschaften berichten auch von geistlichen Bauherren wie Bischof Bernward von Hildesheim (vor 960–1022), Bischof Burchard von Worms (um

965–1025), Bischof Meinwerk von Paderborn (um 975–1036) oder Bischof Adalbert von Bremen (um 1000–1072), die als gebildete kirchliche Würdenträger hohe Sachkenntnis in Baufragen zeigten und Befestigungen mitplanten, in beschränktem Umfang also selbst Baumeisteraufgaben zu bewältigen vermochten. Bischof Benno von Osnabrück (vor 1020–1088) besaß eine so hohe Kompetenz in Bauangelegenheiten, dass ihn König Heinrich IV. im Zuge des Sachsenkrieges mit der Planung und Beaufsichtigung von Burgenneubauten (Yburg, Harzburg, Sachsenstein) beauftragte.

Baupersonal und Baulogistik

Qualität und Baudauer einer hochmittelalterlichen Steinburg wurden maßgeblich von der finanziellen Situation des Bauherrn bestimmt, denn es galt, eine extrem komplexe Baulogistik so anzulegen, dass stets die benötigten Gewerke und Materialien zur Verfügung standen und optimale Effizienz erreicht wurde. Insbesondere bei der Anlage von Höhenburgen stellte dies den Baumeister vor echte Herausforderungen.

Aus dem deutschen Hochmittelalter sind uns so gut wie keine Burgenbaumeister und Burgenhandwerker namentlich bekannt. Eine Ausnahme bilden zwei Inschriften im Palas der Burg Wildenberg im Odenwald, die wohl aus der Erbauungszeit der Burg in den 1180er Jahren stammen und einen Maurer bzw. Steinsetzer Bertold und einen Steinmetzen Ulrich nennen: BERTOLT MVRTE / MICH VLRICH HI / WE MICH («Bertold mauerte mich, Ulrich haute mich»). Ein Fensterkapitell der Burg trägt den Namen seines Steinmetzen: EGGEHAR(T), sodass in diesem Falle gleich drei Handwerker namentlich erwähnt wurden. Zwei nicht original verbaute Inschriftensteine im Torturm überliefern überdies die beiden Bauherren Ruprecht I. von Durn, dessen Wirken für die Zeit von 1171 bis 1197 belegt ist, und Burkhard von Durn, der in keiner anderen Quelle erscheint: DISE BVRHC / MAHTE HER / BVR(K)ERT / DVRN und DISE BVRHC / MAHTE HER / RVBREHT / VON DVRN («Diese Burg machte Burghard (von) Durn» und «Diese Burg machte Ruprecht von Durn»). Ruprecht gehörte lange zum engen Gefolge von Kaiser Friedrich I., was sich in der hohen Qualität der Bauausführung zu spiegeln scheint.

Hochmittelalterliche Inschriften wie an den Pfalzen von Nimwegen (1155) und Kaiserswerth (1184) rühmen zwar den Bauherrn Kaiser Friedrich I., nennen aber keinen Baumeister. Erst mit dem 15. Jahrhundert treten sie häufiger namentlich hervor, zumal wenn sie in landesherrlichen Diensten standen. Der bayerische Herzog Georg der Reiche übertrug 1484 die Oberaufsicht über den Großausbau der Grenzveste Burghausen seinem Hofbaumeister Ulrich Pesnitzer, der angeblich bis zu 4000 Arbeiter auf der Baustelle beschäftigte.

Gestattete das Baubudget die Anstellung einer derart personalstarken und hochkompetenten Bautruppe, beaufsichtigt und koordiniert durch einen erfahrenen Baumeister, konnte das Bauwerk bei guter Witterung zügig errichtet werden.

Die mitunter postulierten «Burgenbauhütten» gab es indes nicht. Regionale Kartierungen von Steinmetzzeichen – jene persönlichen Zeichen, mit denen Steinmetze ihre Werksteine «signierten» – erbrachten vielmehr den Nachweis, dass sich Steinmetze öfters zu kleineren Trupps zusammenschlossen und von Baustelle zu Baustelle zogen, dabei natürlich kürzere Distanzen bevorzugten. Dreizehn Steinmetze, die um 1230/40 am Umbau der Cadolzburg beteiligt waren, zogen gegen Ende der Baumaßnahme sofort 25 Kilometer nach Südosten, um am Ausbau der Burg Abenberg mitzuwirken. Enge konzeptionelle Analogien legen nahe, dass beide Neuplanungen sogar auf ein und denselben Baumeister zurückgehen. Bezeichnenderweise hatten die Hohenzollern beide Burgen wenige Jahrzehnte zuvor geerbt. Die beiden nur 20 Kilometer voneinander entfernten, sich in ihrer Mauerwerksausführung stark ähnelnden Bergfriede der Wildenburg und Burg Freudenberg (Unterteil des Turms) weisen mindestens vier identische Steinmetzzeichen auf, während sich in den 1180er Jahren nachweislich einige der beim Bau der Pfalz Gelnhausen tätigen Steinmetze auch auf der nahen Burg Büdingen verdingten. Eine großräumige Katalogisierung schottischer Steinmetzzeichen belegt überdies, dass Steinmetze auf ihren Wanderungen nicht nur an Burgen, sondern auch an anderen profanen Bauten wie Brücken und Rathäusern sowie an sakralen Gebäuden wirkten. Diese Flexibilität lässt auf eine umfassende Ausbildung schließen.

Burgen waren – im Gegensatz zu den riesigen Baustellen der Kathedralen und Dome – lediglich saisonale Baustellen. In Betracht kamen nur die frostfreien Monate zwischen März und November, da das Bindemittel – der Kalkmörtel – nicht auffrieren durfte. Dieser benötigte überdies, hatte man zwei bis drei Meter aufgemauert, eine kurze Aushärtungsphase, um weitere Auflasten tragen zu können. Bei Bruchsteinmauerwerk nutzte man das scheibchenweise Aufmauern, um durch horizontale Abgleichschichten das Mauerwerk immer wieder auf einen einheitlichen Bauhorizont zu bringen. Weitere Einschränkungen im Bauablauf verursachte der Umstand, dass Untertanen bei solchen Arbeiten zwar wichtige Dienstleistungen in Form von Fron-, Hand- und Spanndiensten leisten mussten, diese aber seitens der Obrigkeit nach Umfang und Termin reglementiert waren. Da die meisten Untertanen Agrarwirtschaft betrieben, waren Saat- und Erntezeiten ausgenommen: eine sinnvolle Regelung, da auch der Burgherr auf gut bestellte, ertragreiche Äcker und eine gute Viehwirtschaft angewiesen war. Daher trifft die oft nachzulesende Behauptung, Burgen seien mit dem Blut und Schweiß der Untertanen errichtet worden, auf die meisten Burgen nicht zu. So war der Bau einer Burg ein äußerst kostenintensives Unterfangen, da die angeworbenen Handwerker, anders als die leistungspflichtigen Bauern, entlohnt werden mussten.

Verlauf der Bauarbeiten an einer Höhenburg

Bei der Errichtung einer steinernen Höhenburg musste der Bauplatz zuerst durch eine Baustraße erschlossen und die Baueinrichtung provisorisch installiert werden. Dann folgten die Arbeiten am Terrain, wobei man zuerst den Baugrund von seinem Baumbewuchs befreite, dann brandrodete, um ihn dauerhaft von Gestrüpp und Kleinbewuchs zu befreien. Archäologisch ließen sich solche Brandschichten direkt über dem gewachsenen Fels wiederholt nachweisen (Julbach, Schlossberg in Heideck).

Das geschlagene Holz selbst benötigte man für die Baumaßnahme und lagerte es daher ortsnah. Im Übrigen gewann man das Baumaterial durch das Einhauen von Gräben, das Egalisieren des Geländes und das Absteilen (Abschroten) von Felswänden. Dieser Prozess des Egalisierungs diente dazu, das Burgareal grob zu planieren, etwa indem man störende Felsköpfe abschlug und schmale Felsklüfte durch Stickungen aus Lehm verschloss. Gleichwohl erstaunt es immer wieder, wie roh man das Gelände im Ganzen beließ. So verdankt der Schaumberg im Saarland sein heutiges planes Gipfelplateau erst modernen Erschließungsmaßnahmen. Das Areal, das die Römer zwischen dem 2. und 4. Jahrhundert n. Chr. zuerst mit einem Heiligtum, dann mit einem Höhenkastell bebauten und das seit 1200 eine der mächtigsten Burgen des Landes trug, bestand aus völlig zerfurchtem Tholeyit, einem brüchigen Vulkangestein, mit meterhohen Niveauversprüngen und breiten Klüften, die sich nur notdürftig mit Stickungen aus Lehm egalisieren ließen. Ähnlich verhielt es sich bei Burgen auf Kalksteinfelsen wie Hohenfreyberg oder der Rüdenburg in Nordrhein-Westfalen.

Man darf davon ausgehen, dass in der Regel an Baustellen provisorische Holzbauten wie Hütten, Werkstätten oder Materialstadel aufgeschlagen und die Bauplätze durch temporäre Umfriedungen aus Holz gesichert wurden. Da diese Umfriedungen später durch steinerne Ringmauern ersetzt wurden, ist ihr Nachweis archäologisch kaum zu führen. Auf der Salzburg in Unterfranken ist dies gelungen, da einst die hölzerne Palisade leicht nach innen versetzt verlief; auch auf der Burg Dagstuhl war der Nachweis möglich, und zwar aufgrund einer Mauerlücke in der Ringmauer. Beim Ausbau der Burg Rouelbeau (CH) zu einer Steinburg nutzte man um 1350 die intakte Palisade einer geringfügig älteren Holzburg als provisorische Baustellenumfriedung sowie die älteren Holzgebäude kurzzeitig als Werkstätten, Lagerräume und Unterkünfte.

Nach den Vorarbeiten am Terrain steckte der Baumeister mit Hilfe von Schnurgerüsten den Verlauf der Mauern ab, wobei er durch Dreiecksmessungen und unterschiedlich geknüpfte Schnüre sogar komplizierte symmetrische Formen exakt ermitteln und markieren konnte. Mitunter, wenn auch eher selten, stoßen Archäologen noch auf Löcher der ehemaligen Messpflöcke solcher Schnurgerüste wie 1974 im Chor der Chrischonakirche ob Bettingen (Kanton Basel-Stadt, Schweiz).

Knotenschnüre wurden übrigens bereits in der Antike verwendet – wie auch der «Fuß» oder «Schuh» –, das damals gültige Längenmaß. Dieses variierte zwar regional, betrug im Durchschnitt aber etwa 30 Zentimeter. Ein weiteres Längenmaß, gebräuchlich vor allem bei der Angabe von – zum Teil beträchtlichen – Tiefen, wie beispielsweise von Brunnen, war das «Klafter» mit durchschnittlich 180 Zentimeter, wobei auch Abweichungen nach oben bekannt sind. Eine «Elle» hingegen variierte zwischen 54 und 80 Zentimeter Länge.

Baupläne im heutigen Sinn gab es nicht. Der Baumeister riss seinen Entwurf entweder auf glatten Steinoberflächen auf, zeichnete ihn auf vergängliche Materialien wie Baumrinde oder ritzte ihn in Wachstafeln ein. Sein Wissen um Konstruktionen und Statik beruhte auf einem reichen Erfahrungsschatz und auf tradiertem Fachwissen, weniger aber auf Hochrechnungen und Literatur. Diese bestand damals noch aus Unikaten wie dem um 1220/30 entstandenen Bauhüttenbuch des Villard de Honnecourt mit seinen Entwurfsmustern für sakrale Bauten. Man muss davon ausgehen, dass der hochmittelalterliche Baumeister seinen Bauplan im Kopf hatte und den Baufortschritt hochkonzentriert begleitete. Er musste wissen, wann der Einbau von Holzböden, Kaminen, Korridoren, Treppen, Türen und Fenstern, Aborten, Gewölben und Dachstühlen vorzubereiten und auszuführen war und rechtzeitig entsprechende Anordnungen treffen. Dafür musste er die Steinmetzen und Zimmerleute präzise instruieren und gründlich kontrollieren – was seine permanente Anwesenheit auf der Baustelle erforderte.

Ein prekäres Unterfangen war die stabile Verankerung der massiven Mauern auf steilem oder durch Witterungseinflüsse brüchigem Fels. Zu diesem Zweck schlug man entweder entlang des Plateaurands Fundamentgräben in den Fels – was wir in der Forschung jedoch eher bei Palisaden oder anderen Holzbauten haben beobachten können – oder schuf plane Auflager, indem man die Felskanten zu horizontalen Bänken oder Stufen abarbeitete. Ein äußerst anschauliches Beispiel dafür bildet die Burgruine Rotenhan im Deutschen Burgenwinkel (Bayern), die im späten 12. Jahrhundert von dem gleichnamigen edelfreien Geschlecht an einem Steilhang des Baunachtals errichtet wurde. Dort verband man drei mächtige Sandsteinblöcke durch Mauern und überbaute sie, wobei man die Torpassage und die Treppe zur Obergeschosskapelle des Torbaus komplett in solch einen Felsblock hineintrieb. Obwohl von der 1323/24 auf königlichen Befehl hin geschleiften und danach komplett abgebrochenen Burg nur wenige Sandsteinquader in situ (in Originalposition) verblieben sind, lässt sich ihre Gestalt anhand der Fundamentbänke und -abstufungen verlässlich rekonstruieren. Eine Maßnahme, die von inniger Vertrautheit mit den Gesetzen der Statik zeugt, bestand darin, die Auflast der Mauern auf getreppte Felsbänke zu verteilen.

Unterließ man solch aufwendige Fundamentierungsarbeiten, konnte es durchaus zu vorzeitigen Abstürzen von Mauern bzw. gravierenden Standsicherheitsproblemen des Bauwerks kommen.

Exkurs zu einer modernen Burgbaustelle: Guédelon

Es ist erstaunlich, welch gigantische Mengen von Holz in einer steinernen Burg verbaut wurden und welch elementaren Beitrag die Zimmerleute dabei leisteten. Nicht nur um dies zu begreifen, lohnt ein Besuch der Burgbaustelle Guédelon in Frankreich, wo seit 1997 eine Burganlage mit mittelalterlichen Baumitteln errichtet wird. Als Bauplatz hat man einen alten, aufgelassenen Steinbruch inmitten eines ausgedehnten Waldgebiets gewählt. Nachgebaut wird eine typische Burganlage aus der Zeit des französischen Königs Philippe II. Auguste (1165–1223) aus dem frühen 13. Jahrhundert: eine kastellartige Burg mit Doppelturmtor und einem zum Donjon verstärkten Eckturm. Ziel des anfangs von der Europäischen Union und dem französischen Staat finanzierten Projekts war es, praktische Erfahrungen hinsichtlich des mittelalterlichen Baubetriebs zu sammeln, experimentelle Archäologie durch die Ausübung mittelalter-

5 – Guédelon. Blick auf die Burgbaustelle Mai 2014

licher Handwerke zu betreiben und bislang unerkannte Probleme der einstigen Bautechnik, Bauausführung und Baulogistik zu erkennen – kurzum: den mittelalterlichen Baubetrieb auch in seinen Nuancen zu begreifen. Guédelon, das aufgrund eines geschickten Marketings inzwischen weltweite Beachtung erfährt, steht für ein spannendes Erfolgsprojekt. Seit 2001 finanziert sich die Baustelle trotz der stark begrenzten Öffnungsdauer – die Saison dauert analog zu mittelalterlichen Bauprojekten nur von April bis Oktober – ausschließlich über Besuchergelder und nähert sich dabei kontinuierlich der Marke von 300 000 Besuchern im Jahr. Das Marketingkonzept ist ebenso einfach wie überzeugend: Der Besucher wird in eine faszinierende fremde Welt entführt, die sich sichtbar im Aufbau befindet, jährlich an Komplexität gewinnt und die es daher mehrfach zu besuchen lohnt. Obwohl die jährliche Bauleistung maßgeblich durch das Wetter bestimmt wird, ist die Fertigstellung der Burg im Jahr 2025 eingeplant – ein belastbarer Zeitplan. Daraus ergibt sich eine Bauzeit von fast dreißig Jahren. Auf Guédelon arbeiten etwa 50 Festangestellte, die saisonal von bis zu 200 freiwilligen Hilfskräften unterstützt werden. Jenseits der Hauptburg wuchs im Lauf der Jahre ein kleines Dorf aus Hütten, Stadeln, Werkstätten und Gehegen, in dem Drechsler, Zimmerleute, Schmiede, Seiler, Korbflechter, Töpfer, Fliesenmacher, Steinmetze, Steinsetzer, Kalklöscher, Kalkmischer und auch Steinbrecher ihr Tagewerk verrichten. An der Burg selbst arbeiten neben dem Baumeister und seinen Maurern Zimmerleute und Dachdecker, während sich die Fuhrleute über das gesamte Areal bewegen.

Die meisten der dort tätigen Gewerke fände man auch auf einer historischen Baustelle wieder, deren Bauherr gehobene Ansprüche verfolgt. In der Endphase der Bauarbeiten werden noch Verputzer/Tüncher und Maler hinzukommen. Der Schmied ist hauptsächlich mit Produktion und Reparatur von Werkzeug beschäftigt, denn auf Guédelon verschleißen die Steinmetze pro Tag zwei Sätze Pickel, Hauen, Hämmer, Schlageisen, Zweispitz, vor allem aber eine Vielzahl von Meißeln; außerdem gilt es, Schlösser, Schlüssel, Türangeln, Tür- und Fensterbänder, Beschlagteile, Gitter, Sägeblätter, Messer und in großer Zahl Nägel für Hölzer, Schindeln und Hufeisen zu fertigen. Der Seiler produziert jene Seile, die für Hebegeräte, Traggeflechte, Befestigungen, Schnurgerüste und als Unterlagen benötigt werden. Da gute lange Seile, wie man sie beim Mauerbau oder für den Brunnen benötigt, früher sehr teuer waren, dürften Seiler einst als gefragte Handwerker tatsächlich nur auf großen Baustellen gewirkt haben. Auch der Korbflechter leistet einen wichtigen Beitrag, indem er unterschiedliche Traggestelle anfertigt, mit denen sich bis zu 80 Kilogramm Baumaterial heben lassen. Töpfer sorgen nicht nur für Trink- und Essgefäße, sondern stellen in einer gesonderten Werkstatt auch Bodenfliesen für besonders hochwertig ausgestaltete Räume der Burg her.

Was besonders überrascht, ist die deutliche optische Dominanz des Holzes im Verhältnis zum Stein. Die Mauern verschwinden geradezu unter Baugerüsten, Rampen, Stegen, eindrucksvollen Hebekränen mit großen Laufrädern, kleineren Lastenaufzügen mit Winden und Geländern. Zur Hauptburg führt eine wuchtige Holzbrücke, im Umfeld der Burg stehen ausgebaute Lehrgerüste für Überwölbungen, Schutzbauten, Unterstände, Hütten, Stadel, Kleintiergehege, Umzäunungen. Aus Holz sind überdies die Fuhrwerke, Decken- und Bodenbalken,

Dielen, die Dachstühle, Dachschindeln, Türblätter, Tür- und Fensterrahmen, die Truhen und Lagergestelle, Leitern, Wasserrinnen, Keile, Nägel und Zapfen sowie die Stiele der Werkzeuge. Zweifelsohne sind und waren Zimmerleute die meistbeschäftigten Handwerker auf einer Burgbaustelle.

Was auf Guédelon bedauerlicherweise nicht geleistet wird, ist die einst so aufwendige Mörtelherstellung. Heutige Bauvorschriften erfordern es, dass der Kalk aus Sicherheitsgründen als Sackware angeliefert wird. Damit entfällt auch der enorme Brennholzbedarf für die Kalköfen. Lediglich für die Öfen der Schmiede und der Töpferei muss Brennholz beschafft werden. Folglich sind die Holzfäller auf dieser Baustelle nicht zu großflächigen Kahlschlägen angehalten und die Fuhrleute nicht mit dem Antransport zahlloser Baumstämme überlastet. Dass heutzutage das Abholzen eines ganzen Waldes gegen die Prinzipien von Natur- und Umweltschutz verstößt, ist begreiflich, stellt aber die Aussagekraft dieses eindrucksvollen Projekts experimentalarchäologischer Forschung erheblich in Frage. Moderne Sicherheitsvorschriften wie eiserne Arretierungen, Galgen oder Schrauben an Maschinen, Feuerfluchtwege, Sicherheitsschuhe und -brillen, Nylonverstärkungen in den Hanfseilen bewirken zwar keine augenfällige Verfälschung, beeinträchtigen aber ebenfalls die Authentizität. Das Gleiche gilt für Burgentyp (Kastellburg), Lageplatz (Niederungsburg), Zeitstellung (frühes 13. Jahrhundert), Arbeitskonditionen (Krankenversicherung, medizinische Versorgung), zeitgemäße Physis der Mitarbeiter, Konzessionen an den Touristikbetrieb (Führungen, spezielle Aussichtsbauten), babylonisches Sprachenwirrwarr.

Verlauf der Bauarbeiten an einer Niederungsburg

Machtinszenierung in der Ebene konnte nur über auffällige Gebäudedimensionen und hohe Bauqualität gelingen. Eine Niederungsburg bot zumeist eine bessere Lebensqualität als eine Höhenburg, denkt man nur an die unkomplizierte Versorgung mit gesundem Grundwasser, die bequeme Versorgungslogistik, die Nutzung der Wassergräben als Fischteich, die leichte Erreichbarkeit, die geringere Gefährdung durch Naturgewalten (Über-

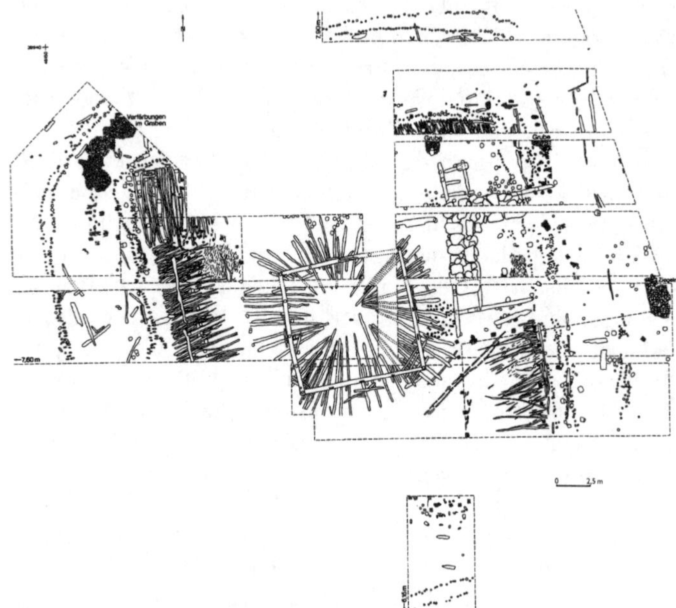

6 – Hatzburg. Grabungsbefund mit Balkenrosten, Palisade und Holzturm des 15. Jh.s

schwemmungen ausgenommen) sowie die bessere Hygiene durch Sanitärsysteme, die fließendes Wasser beanspruchten.

Analog zur Höhenburg erforderte gleichwohl auch die Errichtung einer Niederungsburg aufwendige Vorarbeiten, bevor die ersten Fundamente gesetzt werden konnten. Nicht nur in Guédelon, sondern auch hierzulande wurde in Niederungsburgen enorm viel Holz verbaut. Um den oft zu weichen, nicht tragfähigen Untergrund massiv überbauen zu können, trieb man ein dichtes Raster von Holzpfählen tief in den Boden und legte darüber Balken, Bohlen und Dielen. Dieser Pfahlrost bildete die Substruktion der Steinaufbauten. Nicht nur die meisten Wasserburgen Westfalens ruhen auf solchen Pfahlrosten, sondern u. a. auch die Kaiserpfalz Gelnhausen, die auf geschätzten

18 000 bis 20 000 Eichenpfählen gründet, und die Burg Büdingen, wo man den Pfahlrost zusätzlich mit Reisig, Faschinen (Rutenbündel) und Bruchsteinen verdichtete. Interessant ist der Grabungsbefund aus der Hatzburg (Schleswig-Holstein), wo eine kreisförmige Setzung aus Rundhölzern den zentralen Holzturm trug, während der Randwall auf quer liegenden Rundhölzern stand. Archäologische Nachweise für derartige Pfahlroste sind in Feuchtböden nicht ungewöhnlich, wie die Befunde aus den Burgen Eschelbronn, Bruchsal, Tüschnitz, Bommersheim, Anholt und Bibikon (CH) zeigen – um nur einige wenige Beispiele zu nennen. Da man für Pfahlroste gern Eichenholz verwendete, erlauben sie im Wege dendrochronologischer Untersuchungen – durch Überprüfung der Jahresringe im Bauholz – mitunter das Jahr des Baubeginns zu errechnen. Im Falle der Hatzburg überraschten diese Daten durch ihr geringes Alter: Der Burghügel entstand nicht vor 1405, der Hauptturm sogar erst um 1430.

Während feucht gehaltene Eichenstämme über Jahrhunderte hinweg stabil bleiben, führen Absenkungen des Grundwasserspiegels in jüngerer Zeit immer wieder zur Trockenlegung der historischen Pfahlgründungen. Infolgedessen verrotten und vermodern die Pfähle, verursachen das Absinken von Mauerteilen und mithin gravierende Bauschäden. Beispiele dafür finden sich leider bundesweit.

Baumaterialien

Das Aufmauern der Burgwände erforderte nicht nur Unmengen an Mauersteinen, sondern auch von kalkhaltigem Gestein, Holz und Wasser. Das Baumaterial gewann man, wie bereits erwähnt, durch das Aushauen von Gräben und das Absteilen von Felswänden. Der Großteil aber kam aus Steinbrüchen in der näheren Umgebung, wobei man hochwertiges Steinmaterial wie Sandstein oder Tuff zum Herstellen von Gewänden mitunter über längere Distanzen herbeischaffen musste. In den Steinbrüchen plagten sich die Steinbrecher. Fertig behauene Buckelquader in den Steinbrüchen der Burgen Warthenberg («Daubenschlagfelsen») oder Klein-Ringelsberg, beide im Elsass, belegen, dass Steinmetze ihre Arbeit mitunter nicht erst an den Bauplątzen aufnahmen. Fuhrleute transportierten rohes oder bereits bearbeitetes Steinmaterial zur Weiterverwertung auf die Baustelle. Unter geeigneten topografischen Bedingungen setzte man auch Steinschlitten zum Abtransport der Steine ein. Ein solcher wurde beispielsweise 1562 für Bauarbeiten an der Burg Dagstuhl extra neu angefertigt.

Völlig unterschätzt wird meist der beim Burgenbau entstehende Bedarf an Kalkstein und Wasser, insbesondere aber auch von Holz, zur Herstellung des Mörtels. Damit befeuerte der Kalkbrenner tagelang spezielle Kalköfen, bis das eingelagerte kalkhaltige Gestein restlos durchgeglüht war. Dann zermalmte er die ausgeglühten Steine zu Branntkalk, der schließlich mit Wasser gelöscht Kalkmörtel ergab. Für die Herstellung von einem Kubikmeter Branntkalk benötigte er 1,5 Tonnen Rohkalkstein und 3 Ster Brennholz. Aus diesen Zahlen ermittelte man für den Bau einer mittelgroßen Burg bei einem geschätzten Volumen von 2420 Kubikmetern Bruchsteinmauerwerk einen Mörtelbedarf von 810 Kubikmetern. Dieser setzte sich zusammen aus 608 Kubikmetern Sand und 202 Kubikmetern Branntkalk, der wiederum aus 305 Tonnen Rohkalkstein gewonnen wurde. Für dessen Ausglühen musste ein gewaltiger Kahlschlag 610 Ster Brennholz liefern.

Dieser enorme Aufwand vergrößerte sich nochmals, wenn das abbaubare Gestein geringere Kalkanteile besaß. Bedenkt man weiterhin, dass ein Kalkofen lediglich etwa 10 Kubikmeter Kalkstein fasste und der Ausglühvorgang mindestens vierzehn Tage dauerte, war ein Kalkbrenner fast ein Jahr lang mit nichts anderem als dem Beschicken, Befeuern und Entladen seines Kalkofens beschäftigt. Wendet man diese Hochrechnung auf die in den Jahren 1418 bis 1432 errichtete, gut dokumentierte Gipfelburg Hohenfreyberg im Ostallgäu an (s. Abb. 8), so kommt man bei einem Bruchsteinmauerwerk von 4300 Kubikmetern auf einen Kalkmörtelanteil von 1400 Kubikmetern bzw. einen Branntkalkbedarf von 360 Kubikmetern, für dessen Herstellung man 540 Kubikmeter Rohkalkstein und 1080 Ster Brennholz benötigte. Überdies mussten 1040 Kubikmeter Sand auf den Berg transportiert werden.

Da die Kalksteine mit dem Ausglühen fast die Hälfte ihres Gewichtes einbüßten – ein Kubikmeter Kalkstein wog nach dem Brennen nur noch 900 kg statt 1500 kg –, legte man die Kalköfen möglichst nahe bei den Kalksteinbrüchen an. Bei der Burg Werdenfels (Oberbayern) gelang 1997 der archäologische Nachweis von mindestens einem Dutzend Kalkbrennöfen, die 300 bis 600 Meter nordwestlich der Burg lagen, im höher gelegenen Wald gar direkt neben den Kalksteinbrüchen.

Enorm war auch der Wasserverbrauch, denn bei den hydraulischen Kalken benötigte man Wasser sowohl zum Kalklöschen als auch zum Mischen des Kalks mit drei bis vier Teilen Sand, außerdem entstand weiterer Wasserbedarf beim Schmieden der Werkzeuge und dem Töpfern der Gefäße. Dieser hohe Wasserbedarf bei Neubau- oder Umbaumaßnahmen stellte die Bauleitung von Höhenburgen vor große logistische Probleme. Eine Baukommission, die 1619 im Vorfeld einer projektierten Ausbaumaßnahme die Burg Dagstuhl im Saarland besichtigte, bemängelte vor allem das Fehlen von Wasser und empfahl daher, entweder den alten Ziehbrunnen zu reparieren oder das Wasser in Fässern auf die Burg zu bringen, entschied sich letztlich aber für den Bau einer externen Wasserleitung zu einer neu abgeteuften Zisterne.

Der gelöschte Kalk wurde dann entweder eingesumpft oder umgehend, d. h. heiß vermauert, was zu einer extremen Aushärtung führte, aber auch unausgesetztes Aufmauern erforderlich machte. Historisch belegt ist die Verwendung von luftgetrocknetem Mörtel.

Während bei den meisten Höhenburgen die Baumaterialien Stein und Holz reichlich zur Verfügung standen, konnte die Beschaffung dieser Bau- und Brennstoffe in Löß-, Kiesel- oder Mergelgebieten in der Ebene beachtliche Probleme verursachen. Wo geeignete eisenreiche und rotbrennende Tone zur Verfügung standen, etablierte sich vom Alpenrand bis zur Nord- und Ostsee seit dem 12. Jahrhundert Backstein als alternatives Baumaterial zum traditionellerweise eingesetzten Holz. Die dennoch mitunter stark limitierten Ressourcen an Baumaterialien sorgten in Teilen Norddeutschlands dafür, dass noch im 14. und

15. Jahrhundert Wasserburgen komplett aus Holz errichtet wurden (Bosse, um 1380; Hatzburg, 1405–1430, Abb. 6).

Maurerarbeiten

Der Aufbereitung des Baugrunds folgte das Aufmauern durch Steinsetzer bzw. Maurer. Während die unteren Steinlagen noch per Hand gesetzt werden konnten, erforderte das weitere Hochmauern den Einsatz von Baugerüsten. Sowohl historische Darstellungen im Bild als auch Befunde an Mauerwerken bezeugen für das Hohe und Späte Mittelalter zwei unterschiedliche Typen von Baugerüsten: das Auslegergerüst und das Standgerüst. Beim Auslegergerüst mauerte man auf einheitlicher Höhe in kurzen Abständen Reihen von liegenden Hölzern ein, die sowohl innen wie außen bis zu einem Meter weit vorsprangen. Auf diese Hölzer legte man Bohlen bzw. Dielen, so dass innen wie außen schmale Laufstege entstanden, von denen aus man weiter in die Höhe mauern konnte. Die nächste Gerüstlage erstreckte sich dann 1,20 bis 1,80 Meter höher. Mit den nicht mehr benötigten Rüsthölzern verfuhr man unterschiedlich: Entweder entfernte man die Hölzer, was allerdings kaum mehr möglich war, sobald sich der Mörtel verfestigt hatte, oder man sägte die Hölzer mauerbündig ab. Die Löcher konnte man überputzen, offen lassen bzw. zeitweilig verschließen oder vermauern. Am Südturm der Burg Runkel trifft man in ein- und derselben Bauphase auf alle nur denkbaren Varianten.

Die Kartierung dieser sogenannten Rüstlöcher kann für Bauforscher von großem wissenschaftlichen Wert sein, denn durchlaufende Rüstlöcher kennzeichnen homogene Bauphasen, schräge Rüstlöcher ehemalige Ecksituationen.

Befinden sich die Rüsthölzer noch in ihrer Originalposition, so lassen sich gelegentlich sogar deren Fälldaten dendrochronologisch ermitteln. Dass dies jedoch eher die Ausnahme ist, zeigt die Burg Runkel, aus der fast dreißig Rüstholzproben gezogen wurden, ohne dass es gelang, auch nur eine einzige zu datieren: Hier hatte man als Rüsthölzer nur starke Äste verwendet.

Wohl etwas jünger als das Auslegergerüst ist das Stand- oder

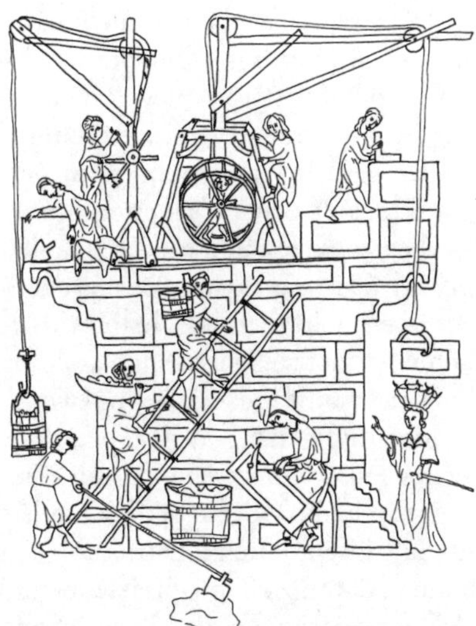

7 – Bau des Turms zu Babel. Handwinde und Tretradkran. Rudolf von Ems, Weltchronik, um 1340

Stangengerüst, das gegen die Wände gestellt wurde; dieser Gerüsttyp ist seit dem 14. Jahrhundert nachweisbar. Um dem Gerüst mehr Stabilität zu verleihen, verankerte man es punktuell in den Wänden. Diese Gerüstform hat sich bis heute gehalten. Da das äußere Standgerüst einen ebenen Geländestreifen benötigte, kam es bei Höhenburgen seltener zum Einsatz.

Das zum Aufmauern erforderliche Baumaterial – Steine und Mörtel – schleppte man mitunter mühsam über hölzerne Rampen, Stege und Leitern auf die Mauerkronen. Vermittels eines einfachen Lastenaufzugs konnte ein Dutzend Bauarbeiter einen Quader von 45 x 80 x 50 Zentimetern Größe und einem Gewicht von 500 Kilogramm zwar hochziehen, doch kostete dies viel Zeit und Kraft. Eine erste Erleichterung brachten Lastenkräne mit Handwinden (Abb. 7). Das Hebelgesetz kam auch im bald darauf erfundenen Tretradkran zur Anwendung, der eine erhebliche Entlastung der Arbeiter, somit auch eine enorme Verbesserung der Baulogistik bewirkte und im Laufe des 13. Jahrhunderts kontinuierlich weiterentwickelt wurde. Wichtige Verbesserungen bestanden darin, den Galgen bzw. Mast schwenkbar zu machen, dann Tretrad und Mast zu trennen, damit man nur den Mast mit nach oben zu nehmen brauchte. Solche Hebemaschinen, zumal mit Doppelrädern versehen, stellten höchst komplizierte Konstruktionen dar, deren Anfertigung auf der Baustelle ohne einen versierten Baumeister und einen wohlhabenden Bauherrn undenkbar war. Der unfallfreie Betrieb eines Tretradkrans erforderte einen aufmerksamen Kranführer und körperlich robuste Kranknechte (Radläufer). Bei bodenverhafteten Treträdern setzte man bevorzugt Ochsen oder Esel ein.

Mit den Baukränen hob man auch einzelne Quader. Sie mit Seilschleifen zu transportieren war mühsam und gefährlich. Daher hievte man die Quader bis ins zweite Viertel des 13. Jahrhunderts hinein mit dem «Wolf», einem bereits in der Antike gebräuchlichen Hebewerkzeug, auf die Mauerkronen. Dafür schlug man in die Oberseite des Quaders ein keilförmiges Loch, in das eine Eisenplattenkonstruktion eingeführt wurde, die sich, wenn man daran zog, aufspreizte. Beim Versetzen des Steins auf der Mauer verschwand das Spreizloch unter der nächsten Mauerlage. Allerdings geschah es immer wieder, dass die Kanten der Spreizlöcher wegbrachen und Quader herabstürzten. Daher entwarf man ein neues, weniger riskantes Hebewerkzeug: die Steinzange, die entlang der Innovationsroute des Rheins seit dem späten 12. Jahrhundert, ansonsten aber erst um 1230/40 zur Anwendung kam. Sie griff von oben scherenartig mit zwei Eisenarmen in kleine, nur wenige Zentimeter tiefe Löcher, die man in die Vorder- und Rückseite des Quaders hineingeschlagen hatte. Je mehr Zug man beim Heben ausübte, umso fester schloss sich die Scherenkonstruktion. Beim Versetzen blieb allerdings ein Zangenloch sichtbar. Kleine Quader, sogenannte Handquader, und Bruchmaterial für den Mauerkern hob oder trug man in Körben, den Kalkmörtel auch in Eimern (Abb. 7).

Bauzeit und Baukosten

Überlegungen und Berechnungen, wie lange denn nun die Errichtung einer Burg dauerte, haben wenig Sinn, da viel zu viele von einer Burgenbaustelle zur nächste differierende Faktoren zu berücksichtigen wären. Jede Baustelle war ebenso unterschiedlich beschaffen wie jede der Burgen an sich. Auch kennt man tatsächlich nur bei ganz wenigen Burgen die exakte Bauzeit.

Eine der imposantesten Burganlagen Europas, Rumeli Hisarı (Türkei), wurde 1452 in nur wenigen Monaten errichtet, um gemeinsam mit ihrer Schwesterburg Anadoluhisarı den Bosporus nahe Konstantinopel effizient zu sperren, indem man an geeigneten Stellen große Geschütze positionierte. Damit schnitt der mächtige Sultan Mehmet II. Konstantinopel von der Wasserversorgung ab, was im folgenden Jahr maßgeblich zum Fall der Metropole beitrug. Eigentlich hätte dieses gewaltige Bauprogramm Jahre in Anspruch nehmen müssen, doch Mehmet hatte aus dem gesamten Osmanischen Reich angeblich 1000 Maurer sowie weitere 1000 Kalkbrenner, Zimmerleute und Hilfskräfte an den Bosporus beordert. Die an sich problematische Beschaffung des Baumaterials löste man, indem man unzählige Gebäude im Umland, darunter sehr viele christliche Kirchen, abbrach – wie die zahllosen Spolien in den Burgmauern bezeugen.

Auch Belagerungsburgen wie Trutzeltz über Eltz oder Bleidenberg über Thurandt, Gegenburgen wie Ramstein neben Ortenburg oder Schaumburg über Baldeneck mussten innerhalb kürzester Zeit errichtet werden. Daher kam an ihnen oft ein leicht herzustellender *Lehm*mörtel zur Anwendung, Ausbauten in *Kalk*mörtel erfolgten erst, nachdem die Burg selbst fertiggestellt war.

Für die Errichtung einer kleinen Wohnturmburg mit Fachwerkaufbau und dicht anliegender Ringmauer errechnete man eine Bauzeit von zwei bis drei Jahren. An einer mittelgroßen Burganlage wie Biebelried (Grundfläche 2000 Quadratmeter) mit schlichtem Grundriss in ebener Lage sollen 90 Arbeiter neun Jahre lang gewirkt haben, was – in heutiger Währung gerechnet – Baukosten in Höhe von etwa 2 200 000,– Euro verursacht hätte. Diese Rechnung ist jedoch so wenig belastbar, dass man sie keinesfalls auf ansonsten vergleichbare Burganlagen übertragen darf.

Für die Errichtung allein eines typischen Bergfrieds nimmt man Aufwendungen in Höhe von einer halben bis zu einer Million Euro an. Doch wie sieht ein «typischer» Bergfried aus, wenn es keine zwei identischen Bergfriede gibt?

Nur von ganz wenigen Burgen sind die exakten Baudaten überliefert. Zu ihnen gehört mit Hohenfreyberg im Ostallgäu eine klassische Gipfelburg in exponierter Lage 100 Meter über dem Tal (1030 m ü. NN, Abb. 8); sie wurde gemäß einer zeitgenössischen Quelle zwischen 1418 und 1432 durch Friedrich von Freyberg erbaut. Wichtig bei der Beurteilung des Baufortschritts ist der Umstand, dass ihr Bauherr bereits 1423 den Namenszusatz «zu der Hochenfreyberg» führte, die Burg zu diesem Zeitpunkt mithin zumindest teilweise schon bewohnt gewesen sein muss. Die von ihm errichtete Burg bestand aus einer 35 x 20 Meter großen Kernburg und einer 35 x 30 Meter großen Vorburg. Letztere besaß eine etwa 6 Meter hohe, 1,20 Meter starke Ringmauer mit Zinnen, eine einfache Toröffnung und einen Schalenturm am Nordwesteck. Die Kernburg war komplexer: am Südwesteck erhob sich ein mäßig hoher, in den großen Westpalas integrierter Kapellenturm. Im Norden schloss ein zweiter, kleinerer Palas an, nach Osten begrenzte ein mächtiger Rundbergfried mit einem vorgelagerten Altan (eine auf Mauern ruhende Plattform) die Hauptburg. Die überbaute Fläche betrug 0,175 Hektar. Bei einer durchschnittlichen Mauerhöhe von 8 Metern ergibt sich ein Bauvolumen von insgesamt 4300 Kubikmetern Mauerwerk. Von der vierzehnjährigen Gesamtbauzeit muss man sicher ein Jahr für die Gelände- und Erschließungsarbeiten des unwirtlichen Lageplatzes auf einem schroffen Felskopf abziehen, sodass 13 Jahre verbleiben. Überträgt man dies auf das Bauvolumen, hätte man jedes Jahr 330 Kubikmeter Mauerwerk hochgezogen, was einem 40 Meter langen, 7 Meter hohen und 1,20 Meter starken Mauerzug entspricht. Auf der Grundlage empirischer Erfahrungen bei Burgsanierungen erscheint diese Bauleistung pro Bausaison, zumal unter Berücksichtigung der obligaten Aushärtungspausen des Kalkmörtels, durchaus realistisch. Letztlich bleibt aber jede Hochrechnung – so auch diese – ohne verlässliches Datenmaterial weitgehend spekulativ. Egal, welche Berechnungen man anstellt: Der Bau einer Burg blieb stets ein kostenintensives, langwieriges, müh-

8 – Hohenfreyberg. Virtuelle Rekonstruktion von Südosten um 1440

seliges, durchaus anspruchsvolles Unterfangen, realisierbar für Ministerialen nur im Wege einer Mischfinanzierung von Landesherrn und Bauherrn. Leider weiß man über die Finanzierungsmodelle solcher Bauvorhaben so gut wie nichts.

Recycling von Baumaterial

Bei Studien zu Burgenbauaktivitäten wurde bislang ein Faktor völlig vernachlässigt, der allerdings erheblichen Einfluss auf den Aufwand der Baulogistik und Bauzeit hatte: das Recycling von Baumaterial. Ein signifikantes Beispiel für diese Vorgehensweise lieferte bereits die Burg Rumeli Hisarı, deren zügige Errichtung nur durch das Verbauen von Material aus zahlreichen umliegenden Baulichkeiten gelang (S. 69). Hinreichend bekannt ist das Recyceln antiken Baumaterials beispielsweise an so großartigen Stadtbefestigungen wie Rhodos, Konstantinopel und Jerusalem sowie an etlichen Kreuzritterburgen. Stellvertretend seien die aus antiken Säulentrommeln bestehenden Eckquader der Burg von Bosra in Syrien oder die mit antiken Säulen regelrecht gespickte Seeburg von Sidon erwähnt. Wie im Donjon von

Sheizar fungierten die Säulen dabei als Bindersteine, wobei man jene in der Zitadelle von Caesarea sogar kreuzweise übereinander anordnete.

Die Wiederverwertung antiken Baumaterials im Zuge von Baumaßnahmen kennzeichnet aber auch hiesige Burgen und Stadtbefestigungen. Städte mit römischen Wurzeln wie Trier, Köln, Mainz, Boppard und Regensburg verbauten Teilstücke und Fragmente ihrer römischen Kastellmauern in ihren mittelalterlichen Stadtmauern. In Trier, wo sich in großem Umfang römische Bausubstanz erhalten hatte, verwandelten sich die Porta Alba, die Palastaula und die Kaiserthermen in hochmittelalterliche Kleinburgen.

Auf den Burgen war sofortiges Recycling üblich. Man legte baufällige Trakte nieder, um sie unter Verwendung des Altmaterials durch Neubauten zu ersetzen. Wiederverwendete Fenster- und Türgewände erkennt man dabei an Profilierungen, die zum Stil der benachbarten Bauteile nicht passen, ferner zweitversetzte Quader an den Beschädigungen ihrer Ecken und Kanten infolge der Abbrucharbeiten. Ein weiteres Charakteristikum zweitverwendeten Baumaterials ist das gehäufte Auftreten von Dachziegeln oder Backsteinfragmenten als Zwickmaterial in Fugen.

Erkennt ein Burgenarchäologe recyceltes Baumaterial nicht als solches, so verursacht er damit gelegentlich gravierende Fehldatierungen. Im Fall der Burgruine Lichtenstein (Bayern) datierte man die Südwand der Kemenate wegen ihrer Buckelquader stets ins frühe 13. Jahrhundert. Diese wurden jedoch ihren starken Beschädigungen zufolge erst Mitte des 14. Jahrhunderts vermauert, als eine der neu angesiedelten Ganerbenfamilien an dieser Stelle einen Wohnbau errichtete. Um in dessen Obergeschoss sechs pyramidenförmig angeordnete Trichterfenster für eine Bohlen- oder Blockwerkstube unterzubringen, trug man die durchlaufende Ringmauer großflächig ab und errichtete sie dann aus deren Abbruchmaterial bis in drei Meter Höhe neu. In einem nächsten Schritt setzte man dann die Wandscheibe mit der Fenstergruppe auf (Abb. 9). Aber auch moderne Sanierungsmaßnahmen recycelten in diesem Kontext älteres

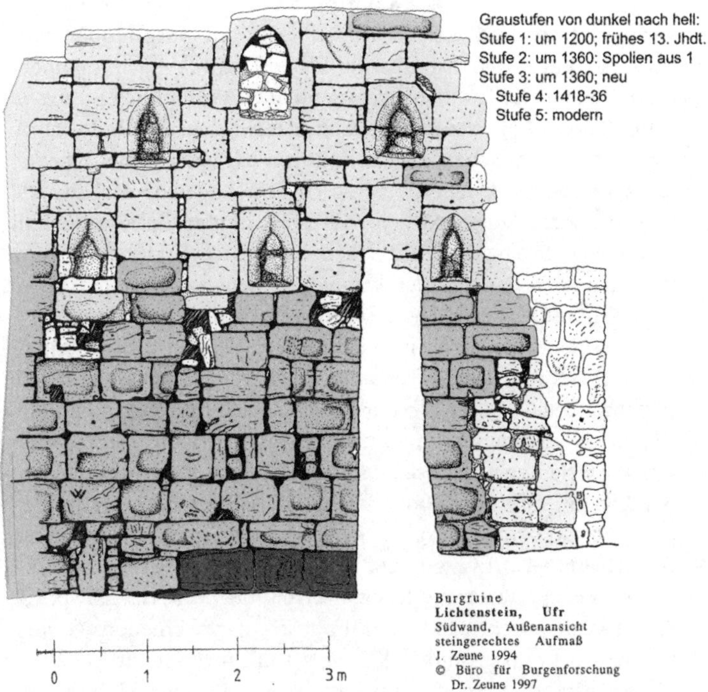

9 – Lichtenstein. Wiederaufgebaute Südwand mit Bauphasen

Material, wie der modern eingebaute Sohlstein eines schadhaften Trichterfensters beweist.

Manche Bauherren nutzten angesichts anstehender Aus- und Umbauten ihrer Burgen die schrecklichen Judenpogrome des Mittelalters, um sich kostenloses Baumaterial zu beschaffen: die Grabsteine der nach 1348 aufgelassenen Kölner und Frankfurter Judenfriedhöfe lieferten Formsteine an den Torbauten der erzstiftisch-kölnischen Burgen Hülchrath und Lechenich sowie für die Ringmauer der Burg Bommersheim. In der Zitadelle von Spandau nutzte man die großen Steinplatten des spätestens 1510 aufgegebenen Judenfriedhofs zur Fundamentierung.

Bauunterhalt

1609 empfahl Ludwig von Ulm, Pfleger auf Burg Hohenfreyberg, nach der Ausbesserung der Schäden durch einen Sommersturm, man solle vor allem *fleißig im Schlosse wohnen und acht geben, dass alles verwahret sei.* Ein steter Bauunterhalt erforderte zeitgenössischen Baurechnungen zufolge immer wieder Reparaturen an Dächern, Fenstern und Läden sowie an den Pflasterungen. Dort, wo kein wetterresistenter Stein verfügbar war – wie entlang des Mittelrheins, der Mosel oder der Lahn, wo nur der zu Bauzwecken wenig geeignete Schiefer anstand –, musste überdies der Verputz regelmäßig erneuert werden.

Einen äußerst instruktiven Einblick in den für die Bauunterhaltung erforderlichen Aufwand gewähren die ungewöhnlich reichhaltigen und detaillierten Archivalien zur Burg Dagstuhl. In Zeiten von Baumaßnahmen mehrten sich auffällig die Instandsetzungsarbeiten und lassen dadurch die eigentlichen Verschleißbauteile einer Burg erkennbar werden. Alle 15 bis 20 Jahre benötigten die beiden Burgbrücken Reparaturen. Doch während Bauarbeiten – so 1524, 1526, 1529, 1533/37 – wurden die hölzernen Beläge durch die Intensivierung des Materialtransports derart beansprucht, dass sie fast alle drei Jahre erneuert werden mussten – 1533/37 und 1584 sogar samt ihrer Steinpfeiler. All diesen Instandsetzungen zum Trotz erfährt man zum Jahr 1619, dass damals die äußere Burgbrücke derart baufällig war, *das niemandt mehr ohne gefahrt uff das huaß reitten darf.*

Auch Verputzarbeiten wurden auf Dagstuhl wiederholt abgerechnet. Das Baumaterial – Melaphyr (vulkanisches Ergussgestein) – erforderte ein «Bewerfen», Weißeln und Tünchen. 1570 erhielt ein *düncher* den Auftrag, das Mauerwerk des Neubaus zu *bewerffen, tünchen und mit schwarzen Strichen außstreichen.* Dieser detaillierten Schriftquelle zufolge hatte er einen schwarzen Fugenstrich aufzutragen. Zu den witterungsbedingten Verschleißteilen zählen die Dächer, denn die Anwesenheit von Dachdeckern/Schieferdeckern – hier *leyhendecker* genannt – ist zwischen 1466 und 1647 insgesamt 19-mal belegt. Sie erscheinen im Zuge von Baumaßnahmen fast jährlich, hatten stets aber auch Schäden an älteren Dächern zu beseitigen.

Stark beansprucht wurden natürlich die gepflasterten Wege und Höfe, weshalb Pflasterer (*paffeyer*) wiederholt erwähnt werden.

Zu den wartungsintensiveren Baulichkeiten gehörten die Burgbrunnen, die in regelmäßigen Abständen gereinigt bzw. «gefegt» werden mussten. Die Wasserversorgung auf Dagstuhl litt wiederholt unter Absenkungen des Wasserspiegels, denn der Brunnen musste 1527 und 1560 weiter abgeteuft werden, bis er schließlich eine Tiefe von 109 Schuh, d. h. etwa 36 Meter, erreichte. Auch das Brunnenzubehör unterlag intensivem Verschleiß, erneuerte man doch auf Dagstuhl 1530 nicht zum ersten und auch nicht zum letzten Mal das Rad (*pützrade; pützraitt*), den Drehbaum, den Eimer (*pützeimer*) und das Seil *(putze seill; zochseill)*.

Der stete, auf dieser mehrteiligen Ganerbenburg allerdings erhöhte Aufwand zum Unterhalt des Bauwerks erklärt auch die Existenz eines eigenen Kalkhauses, das man 1590 sogar durch einen Neubau ersetzte.

Katastrophen

Selbst eine sorgfältig gewartete Burg war nicht vor natürlichen oder hausgemachten Katastrophen gefeit. Intensive Rodungsarbeiten im Umland hatten zwar die Bedrohung durch Waldbrände reduziert, doch blieben Blitzeinschläge gefürchtet, denn sowohl im Flachland als auch in gebirgigen Zonen zogen die hochaufragenden Bauwerke Blitze an. Ein Blitzeinschlag konnte die Gebäude nicht nur beschädigen, sondern auch die Dachstühle entzünden und infolgedessen den Untergang der Burg herbeiführen.

Aber auch Stürme und andere heftige Unwetter vermochten beträchtliche Schäden anzurichten. 1466/70 mussten die Dachdecker auf Burg Dagstuhl größere Hagelschäden an den Dächern beseitigen. Glimpflicher kam die Burg Hohenfreyberg davon, wo der Sturm von 1609 lediglich ein Fenster eindrückte.

Solche Bagatellschäden gehörten auf Höhenburgen gleichsam zum Alltag. Gefürchtet waren hingegen Erdbeben, da diese an ohnehin geologisch fragilen Lageplätzen durch Hangabgänge oder Felsabbrüche schwere Bauschäden verursachen konnten. Dies war 1690 auf der Ortenburg (Kärnten) der Fall, die zuerst ein starker *Sturmwindt*, dann ein kräftiges Erdbeben so schwer in Mitleidenschaft zog, dass dem damaligen Schadensbericht zufolge das Schloss *auf allen Seiten sehr zerschmettert* war.

Erdbeben sind das gesamte Mittelalter hindurch für den deutschsprachigen Raum überliefert, wobei wir seit Mitte des 14. Jahrhunderts besser unterrichtet sind. Ein Zentrum seismischer Aktivitäten lag am Oberrhein, wo bereits 1279 und 1289 Erdbeben größere Schäden anrichteten. Aber auch Kärnten, Krain und Friaul litten 1348 unter heftigen Erdstößen, die angeblich sogar zur Zerstörung der oberbayerischen Burg Peiting führten. Doch das schlimmste Erdbeben – mit einer Stärke von 6,5 auf der Richter-Skala, nach Einschätzung der Seismologen tatsächlich ein «Jahrtausendbeben» – ereignete sich am 18. Oktober 1356 mit dem Epizentrum Basel (CH), gefolgt von mehreren Nachbeben. Es soll zeitgenössischen und jüngeren Berichten zufolge nicht nur etliche Gebäude der Stadt, sondern auch 60 namentlich bekannte Burgen innerhalb einer ovalen Fläche von 85 x 45 Kilometer zerstört, darüber hinaus aber auch noch im weiteren Umkreis von 200 bis 300 Kilometer leichte Bauschäden angerichtet haben. Für zehn Burgen bedeutete das Erdbeben den endgültigen Untergang, da ihre Besitzer die hohen Kosten eines Wiederaufbaus nicht zu schultern vermochten. Wenngleich dieses Erdbeben im fernen Odenwald nur noch stark abgeschwächt zu spüren gewesen sein soll, berichtet eine seriöse Quelle aus dem Jahr 1756, es habe Bauschäden an der Burg Wildenberg verursacht, wo u. a. ein Umgang eingestürzt sei. Das betroffene Bauteil identifiziert man mit der damals ohne ersichtlichen Anlass erneuerten Hofwand des staufischen Palas, doch könnte der Schaden eher am Torturm eingetreten sein (Abb. 10), den derart eklatante Rissbildungen durchzogen, dass man ihn 1937 abtragen und weitgehend von Grund auf über einem Betonsockel im Verfahren der Anastylose – einer möglichst exakten Wiederherstellung des originalen Mauerwerks – wiedererrichten musste. Dies geschah historischen Fotos zu-

10 – Wildenberg. Torbau um 1893, mit Erdbebenschäden, vor Abbruch 1937

folge auch mit anderen Bauteilen. Überdies weist der Bergfried noch immer mehrere vertikale Risse auf.

Bei vielen Burgen – so auch bei Wildenberg – wird aber erst das Zusammenspiel mehrerer Erdbeben zu eklatanten Bauschäden geführt haben, indem sich bereits vorhandene, nur notdürftig vermörtelte Risse erneut öffneten und aufweiteten. Gleiches gilt für einen Hangrutsch am Südwestende der Stadt Schongau, wo die beiden Erdbeben von 1348 (die damals zerstörte Burg Peiting lag nur wenige Kilometer entfernt) und 1356 den instabilen Lechkies in Bewegung brachten und eine Zurückversetzung der Stadtmauer erforderlich machten.

Niederungsburgen sahen sich einer ganz anderen natürlichen Bedrohung ausgesetzt: dem Hochwasser. Insbesondere durch Flüsse ausgelöste Überschwemmungen sind in großer Zahl für das zentraleuropäische Mittelalter überliefert. Viele Burgen in Flussniederungen wie die zwischen den Flüssen Aller und Leine gelegene Burg Blankenhagen in Niedersachsen gab man im 16./17. Jahrhundert nachweislich wegen der zunehmenden Hochwasser auf. Heftige Regenfälle ließen 1195 die Donau über die Ufer treten, erreichten aber keinesfalls die Rekordhochwassermarke von 1342, als nach tagelangen sintflutartigen Regenfällen alles Land von Rouen bis Prag im Wasser versank und unzählige Städte und kleinere Orte sowie Niederungsburgen, vor allem aber Brücken enorme Bauschäden erlitten.

Zu diesen Städten gehörte auch die direkt am Niederrhein gelegene Stadt Rees, deren Stadtbefestigung rheinseitig im sogenannten Rondell am Bären mündet, das bis zur Begradigung des Rheins (1654 bis 1671) in einer Flussschleife stand. Die in verschiedenen Bauphasen des frühen und späten 16. Jahrhunderts entstandene Außenwand war daher jahrhundertelang ungeschützt Fluten und Eisgängen ausgesetzt und präsentiert sich dementsprechend heute als ein Flickenteppich aus zahllosen Instandsetzungen und Reparaturen. Burgenkundlich von hohem Interesse ist der Umstand, dass den Kern des Rondells ein kleinerer Rundturm von 8,50 Metern Durchmesser bildet, der bereits 1329 als *rundeyl* erwähnt wurde.

Indirekt zum Verhängnis wurde der Burg Bommersheim bei Oberursel (Hessen) die extreme Kälte des Winters 1381/82, als sogar der Rhein bei Mainz zufror. Die ansonsten über versumpftes Gelände nur mühsam erreichbare Wasserburg, damals ein Raubritternest, konnte dank der vereisten Oberflächen damals problemlos durch die Kriegstruppen des Rheinischen Städtebunds attackiert, erobert und geschleift werden.

Wo sich keine konkrete historische Zuweisung zu einer bestimmten Naturkatastrophe ergibt, fällt die Bestimmung der Schadensursache allein aufgrund des Schadensbilds schwer. Mitunter konnte der Baugrund unter der Belastung neu erbauter Mauern erst einmal nachgeben, sich aber dann dauerhaft stabilisieren, sodass am Mauerwerk lediglich Setzungsrisse auftraten. Diese könnte man freilich auch als Folgen eines Erdbebens interpretieren. Das 1501/2 auf der Burg Hohenfreyberg erbaute Artillerierondell wies in seiner Nordseite einen solchen Vertikalriss auf und ließ einen instabil gewordenen Felsuntergrund befürchten. Erst die akribische Untersuchung des Risses ermittelte eine Stelle, wo der Kalkmörtel aus der Zeit der Errichtung des Rondells den Mauerspalt verschloss. Diese Beobachtung erbrachte den Nachweis einer bauzeitlichen Setzung und erklärte zugleich, warum der Riss an dem 1601 aufgesetzten Zinnenkranz endet.

Nicht so einfach zu erklären ist das historische Schadensbild auf der Burg Runkel, zu deren Baugeschichte die über die letzten Jahre hinweg durchgeführte Bauforschung überraschende, ja geradezu spektakuläre neue Erkenntnisse erbrachte. Bislang unerkannt steckt im Mauerwerk des um 1220 errichteten Bergfrieds das Fragment eines wesentlich größeren Rundturms aus der Zeit der Burggründung um 1150. Während das Ostende der Burg samt Bergfried heute direkt auf einer senkrecht lahnseitig abfallenden Felswand ruht und daher tief hinabreichende Futtermauern aufweist, ließ eine genaue Begutachtung dieses Felsriffs eine breite keilförmige Einbuchtung im Bereich des Bergfrieds erkennen. Dieser an diesem Indiz klar ablesbare Felsabsturz halbierte nicht nur den Rundturm, sondern erforderte überdies eine Rückverlegung der gesamten Ostseite, die aus diesem Grund keinerlei Mauerwerk aus der Zeit um 1150 enthält. Da sich der Felsabbruch offenbar bald nach der Erbauung ereignete, dürften geologische Stabilitätsprobleme diesen Bauschaden verursacht haben.

Selbstverschuldete Brandkatastrophen hatten oft ihre Ursache in den offenen Feuern der Herdstellen der Schmiede und der Küche, der Wandkamine im Saal oder in anderen Wohnräumen. Funkenflug vermochte das hölzerne Inventar samt den Bodenbelägen, die Wandteppiche und anliegende Holzbauten leicht zu entzünden. Aber auch Lichtquellen wie Talglämpchen, Kienspäne oder Fackeln stellten mit ihren Flammen ein nicht unerhebliches Brandrisiko dar. Dass eine Burg binnen kürzester Zeit in einem Brand untergehen konnte, offenbarten die archäologischen Befunde aus der in den frühen 1970er Jahren ergrabenen Burgruine Scheidegg (Basel-Landschaft, CH). Selten erlangt man einen derart dramatischen Einblick in die letzten Stunden einer Burg: Die Spornburg bestand aus einem mächtigen Donjon des frühen 13. Jahrhunderts, der sich durch schlanke Ecktourellen auszeichnete und den man einige Jahrzehnte später um einen Nordtrakt erweiterte. In diesem brach um 1320 ein Feuer aus, das sämtliche Baulichkeiten umgehend in Schutt und Asche legte. Brandschichten, ein verkohlter Bretterboden, ein aus einem Obergeschoss herabgestürzter Kachelofen, ein völlig verformtes, bronzenes Aquamanile (Handwaschgefäß) gehören eher zu den üblichen Zeugnissen einer Brandkatastrophe – nicht aber die Pferdeskelette, die man unter dem Brandschutt des Nordtrakts fand. Dort erlitten fünf Pferde einen qualvollen Tod, weil die Burgbewohner nicht mehr die Zeit fanden, sie zu retten. Was für die Lebewesen in der zerstörten Burg eine grausame Katastrophe gewesen sein muss, bedeutet für die Archäologen einen ungeheuren Glücksfall, denn durch die nachfolgende Auflassung der Burg blieb diese historische Zäsur im Originalzustand konserviert.

Generell bleibt festzuhalten, dass die Auflassung von Burgen aus wirtschaftlichen oder/und verkehrsstrategischen Gründen sowie wegen selbstverschuldeten oder natürlichen Katastrophen ungleich mehr Burgruinen schuf als Zerstörung durch Kriegsgeschehnisse.

6. Stets im Wandel: Von der Burg über das Burgschloss zum Schloss

Die Burg im Frühmittelalter: Der fränkische Burgenbau (6.–10. Jh.)

Vom 6./7. bis zum 10. Jahrhundert wurden die Gebiete östlich des Rheins durch den fränkischen Landesausbau erschlossen und mit einem dichten Netz von über 1000 Burgen und befestigten Königshöfen überzogen. Zeitgleich sicherten die Slawen ihre neu gewonnenen Territorien östlich einer Linie, die sich von der Ostsee bis zum Mittelmeer erstreckte, durch 300 bis 400 Burgen. Beiderseits dieser Linie nahmen die Burgenbauaktivitäten im 9. und 10. Jahrhundert deutlich zu. Von all diesen Burgen ist nur ein Bruchteil archivalisch, der Großteil hingegen archäologisch fassbar.

Die Burgen auf fränkischer Seite dienten dem König, den Grafen und Herzögen zwar vorrangig als militärische Stützpunkte, bildeten aber zugleich auch Verwaltungszentren von Markgebieten oder Gauen. Folglich suchte man, solche Burgen in Anbindung an Wasser- und Fernwege anzulegen. Ihre multifunktionalen Aufgaben führten dazu, dass sie längerfristige oder – wie im Falle der «Landesburgen» Büraburg, Christenberg und Amöneburg – sogar dauerhaft bewohnt wurden. Kirchen (Höfe, Sulzbach), Klöster (Büraburg, Gebesee) und neu gegründete Bistümer wie Würzburg, Eichstätt, Bamberg, Hamburg, Hildesheim und Bremen entstanden im Schutz dieser Burgen. Die in der älteren Fachliteratur postulierte Hauptfunktion als nur temporär genutzte Fluchtburgen wurde mittlerweile von der Archäologie dort, wo sie großflächig betrieben werden konnte (Büraburg, Tilleda, Roßtal), aufgrund des Fundspektrums weitgehend widerlegt. Dass die Landbevölkerung in Kriegszeiten selbstredend hinter den Wällen und Mauern dieser befestigten Plätze Schutz fand, ist 774 anlässlich der erfolglosen Belagerung der Büraburg durch die Sachsen überliefert.

Grundsätzlich brachte die unterschiedliche Topographie des Frankenreichs mit einer gebirgigen Südhälfte und einer flachen Nordhälfte auch unterschiedliche Burgentypen hervor. Auf geräumigen Bergausläufern, bevorzugt oberhalb von Flussschleifen, sowie auf Hochplateaus entstanden neben Ringwallburgen auch Abschnittsbefestigungen, während im Flachland Ringwallburgen von runder oder ovaler Form die Norm darstellten. Dabei konnten die Höhenburgen bis zu 17 Hektar große Areale belegen (Werla), während die meisten sich jedoch nur noch auf bis zu drei Hektar ausbreiteten (Karlburg, Babenburg [Bamberg]). Erst spät, ab dem 9. Jahrhundert, kamen kleinflächige Burgen von weniger als einem Hektar Größe hinzu, mit denen sich bereits eine frühe Adelsschicht greifen lässt (Eiringsburg).

Die Schutz- und Wehrelemente bestanden zumeist aus einem umlaufenden System aus Gräben und Erdwällen, die Mauern oder Palisaden trugen. Bei den sog. Ungarnburgen, die angesichts der Ungarneinfälle (908–955) im Zuge der Burgenbauverordnung König Heinrichs I. von 926 errichtet wurden, stellte man den Reiterkriegern neben besonders hohen Frontwällen (St. Gallen [CH], Castell) auch Annäherungshindernisse wie versetzte Gruben oder Erdriegel (Birg bei Schäftlarn, Schlossberg von Peiting, Haldenburg) sowie Außengräben und -wälle (Karlsburg) entgegen.

Was die Konstruktion der Wälle betrifft, so hat man sowohl Trockenmauern als auch Mörtelmauern und Erdaufschüttungen nachgewiesen. Erst im 11. Jahrhundert begann sich vermehrt die Mörteltechnik durchzusetzen. Dass im 10. Jahrhundert die Verwendung von Kalkmörtel auch als Statussymbol galt, beweist die repräsentative Ostseite der Wittekindsburg, die als einzige Mauer gemörtelt war. Besonders stark befestigte man die Tore, die man oft mit tief eingezogenen Torgassen versah (sogenannte Zangentore: Tilleda, Hünenburg bei Meschede, Eiringsburg). Ganz vereinzelt sicherten niedrige Flankierungstürme die Umwehrung (Büraburg, Wittekindsburg, Roßtal, Werla, Hildesheim und Bernshausen).

Eine dichte Bebauung und die Unterteilung in eine größere Vorburg und eine kleinere Hauptburg kennzeichnen die königlichen Pfalzen. Die im 10. Jahrhundert gegründete Pfalz Tilleda umfasste eine vier Hektar große Vorburg und am Ende des Sporns eine nur einen Hektar große Hauptburg, in der mehrphasige Mauerreste von einer Pfalzkapelle, Aula und Unterkunftsbauten zeugen. Die zweigeteilte Vorburg besaß eine enge Bebauung mit über 200 Grubenhäusern und Pfostenhäusern, die als Vorrats-, aber auch als Wohnräume, ferner als Produktionstätten von Textilien sowie für Elfenbein- und Knochenbearbeitungen, zur Eisenverarbeitung und als Töpfereien dienten.

Vergleichbar mit Tilleda ist die Königspfalz Werla, die sich bei einer Gesamtfläche von 18 Hektar in eine kleine runde Kernburg von 150 Meter Durchmesser und eine Vorburg unterteilte. Anfang des 10. Jahrhunderts erhielt die Hauptburg eine Ummauerung mit Kammertoren und flankierenden Halbrundtürmen, einen Palas mit Warmluftheizung und Rundkapelle sowie einen kreuzförmigen Versammlungsbau (?). Die Vorburg wurde erst im 11./12. Jahrhundert mehrteilig ausgebaut. Der gehobenen baulichen Ausstattung der königlichen Pfalzen Tilleda und Werla stand jene der Nordgaugrafen auf ihrer Stammburg Sulzbach jedoch kaum nach. In der fest ummauerten

Hauptburg gruppierten sich gegen Ende des 10. Jahrhunderts um eine etwas ältere Burgkirche mehrere massive Bauten, darunter ein großer Saalbau, ein beheizbares Gebäude und ein weiterer Steinbau.

Unter den bischöflichen Domburgen sticht das durch Bischof Bernward um 1000 befestigte Hildesheim aufgrund seiner vielen vollflankierenden Rundtürme von 7 Meter Durchmesser markant hervor.

Ein weiteres Bindeglied zu den Adelsburgen des Hochmittelalters bildeten einige kleinflächige Burganlagen. Die sich auf einem Bergsporn in eine Schleife der Fränkischen Saale hineinschiebende Eiringsburg (auch: Eyrichsburg) zeigte ein Rechteck von 120 x 65 Meter Größe, dessen 2,50 Meter starke Zweischalenmauer aus Trockenstein zwei zentral gelegene Zangentore durchbrachen. Die Anlage lässt sich einem freien, wohlbegüterten Franken namens Iring zuweisen, der im ersten Viertel des 9. Jahrhunderts mehrfach in Urkunden erscheint. Zeitgleich saß in Castell ein Graf Megingaud, der dem archäologischen Befund zufolge eine nur 0,2 Hektar große, bis 1554 mehrfach überformte Burganlage auf dem Herrenberg bewohnte.

Konzeptionell den hochmittelalterlichen Adelsburgen noch näher stehen einige gemörtelte Burgbauten aus der Zeit um 1000 wie die Burg Altenberg bei Füllinsdorf (CH), die neben ihrer Ringmauer ein rechteckiges Turmhaus oder Festes Haus von 9 x 15 Meter Größe aufwies, und die Burg Konradsdorf mit ihrem Saalbau und Turm von 7,60 x 7,80 Meter. Einen ähnlich frühen, 1027 errichteten Steinturm besaß die Burg Cly im Aosta-Tal (I), während der Plantaturm des aufgrund seiner frühen Fresken berühmten Klosters Müstair in die Jahre um 960 datiert wird.

In die Kategorie der fortschrittlich befestigten Frühadelsburgen fällt eine nur 110 x 70 Meter große, rechteckige Burganlage am Ufer des Seeburger Sees bei Bernshausen, deren gemörtelte, etwa 1,40 Meter starke Ringmauer an den beiden landseitigen Ecken durch Rundbastionen bewehrt war (Abb. 11). Zwischen diesen öffnete sich ein Zangentor mit flankierenden Doppeltürmen. Errichtet wurde diese typologisch eher im 13. Jahrhundert

11 – Bernshausen. Rekonstruktionsversuch der Burg des 10. Jh.s

anzusiedelnde Wehranlage im 10. Jahrhundert durch die hochrangigen Herren von Immendingen zur Sicherung ihres benachbarten Gutshofs.

In den Niederungen Niedersachsens, Nordrhein-Westfalens oder Schleswig-Holsteins trifft man häufig auf kreisförmige oder ovale Rundwallburgen von 0,2 bis 1,5 Hektar Innenfläche. Die 0,4 Hektar große Hauptburg der archäologisch erforschten Hünenburg bei Stöttinghausen wurde im 9./10. Jahrhundert von einem Holz-Erde-Wall gesichert, während der 9,50 Meter breite Erdwall der größten und zur selben Zeit existierenden Hauptburg der Isenburg bei Hannover frontseitig aus einer Holzkastenkonstruktion bestand.

Festzuhalten bleibt, dass zahlreiche Burganlagen des 9. und 10. Jahrhunderts bereits wesentliche Elemente des hochmittelalterlichen Burgenbaus antizipiert haben.

Die Burg im Frühmittelalter: Der slawische Burgenbau (8.–10. Jh.)

Im slawisch geprägten Kulturkreis setzte der Burgenbau erst im 8. Jahrhundert mit einigen Burgwällen mit Durchmessern von 150 bis 300 Meter ein. Die jüngeren Slawenburgen des ausgehenden 9. Jahrhunderts bestanden hingegen aus kleinen Niederungsrundwällen von 60 bis 90 Metern Durchmesser und dienten den Häuptlingen und deren Großsippen als befestigte Dau-

12 – Groß-Raden. Rekonstruktionsversuch der Slawenburg im 10. Jh.

ersitze im internen kriegerischen Ringen um Macht und Herrschaft. Die Etablierung des Herzogtums Polens unter den Piasten bis Ende des 10. Jahrhunderts fußte auf der Zerstörung fast aller kleinen Ringwallburgen in Großpolen und Nordschlesien, die durch größere, mehrteilige Burganlagen ersetzt wurden. Im Norden dagegen führte der Zusammenbruch der ostfränkischen Herrschaft zum Bau mächtiger Stammesburgen wie Mecklenburg und kleiner Herrschaftssitze wie Groß-Raden.

Kennzeichnend für die slawischen Burgwälle sind ihre wuchtigen Umwehrungen aus Holzkästen, die zumeist in Blockbautechnik ausgeführt, mit Sodenpackungen, Sand, Erde, Ton oder Lehm verfüllt und durch Spannbalken stabilisiert wurden. In einer Art Baukastensystem ließen sich diese Holzkästen neben-, hinter- und übereinander stapeln, wodurch Höhen von 10 Metern und Stärken von 30 Metern erreicht werden konnten. Die breiten Wallkronen mit ihren Brustwehren boten hinreichend Platz für eine effiziente Verteidigung auch der Tunneltore. Dem Schutz vor Brandpfeilen, Hackgeräten und schwerem Belagerungsgerät dienten Frontverkleidungen aus Trockenstein sowie breite Wassergräben. Zusätzlichen Schutz boten vielerorts die

Insellagen der Burgwälle, die nur über enge, lange Stege oder Bohlenwege zu erreichen waren.

Die zugehörigen Siedlungen lagen auf Halbinseln vor den Burgwällen (Groß Raden, Abb. 12; Tornov). Neben landwirtschaftlichen Aktivitäten ließen sich archäologisch lediglich Knochen- und Geweihschnitzerei, die Produktion von Holzteer als Dichtungsmittel und die von Eisengerät und Tongefäßen nachweisen.

Analog zum fränkischen Burgenbau erfüllten die Burgwälle als Herrschafts-, Verwaltungs- und Wirtschaftszentren, Zufluchtsstätten und Kultstätten eine ganze Reihe von Funktionen.

Der Burgenbau im Hochmittelalter (1050–1150)

Entgegen der geläufigen Meinung existierten hölzerne und steinerne Burganlagen bis weit in das Spätmittelalter hinein nebeneinander. Mit der Anlage der großen Königspfalzen, Bischofsburgen und Dynastenburgen des 10. Jahrhunderts, die bereits in Mörteltechnik errichtete Ringmauern, Torhäuser und Flankierungstürme aufweisen, setzte im Hinblick auf Wehrelemente eine Entwicklung ein, die dann kurioserweise erst um 1200 in dieser Intensität wieder aufgenommen wurde; bei Burgen aus der Salierzeit und der frühen Stauferzeit, also im 11. und 12. Jahrhundert, trifft man sie kaum einmal an. Diese seltsame Zäsur lässt sich bis heute nicht erklären, zumal sie auch Ausnahmen kennt.

Königspfalzen Die Baumaßnahmen an den königlichen Pfalzen beschränkten sich im Wesentlichen auf Um- und Ausbauten älterer Anlagen (Werla, Tilleda), umfassten aber auch den Neubau der Pfalz Goslar, den Nachfolgebau der allzu abgelegenen Pfalz Werla. Den zentralen Bau bildete ein riesiger Saaltrakt von 47 x 15 Meter, ergänzt durch die Liebfrauenkapelle. Goslar steht eher in der Tradition der karolingisch-ottonischen Königspfalzen wie Aachen, Ingelheim oder Paderborn; innovative Wehrelemente fehlen gänzlich. Dies trifft auch auf die seit 1071 durch König Heinrich IV. *mit höchstem Aufwand* wiedererrichtete Reichsburg Hammerstein zu, obwohl diese 1105/06 sogar die Reichskleinodien beherbergte.

Turmhäuser Traditionsverhaftet blieb auch der Burgenbau des Niederadels, der weiterhin Holz, Trockenstein und Erde für seine Bauwerke verwendete. Der Hochadel hingegen trachtete danach, seine unübersehbare Vormachtstellung zwischen 1050 und 1150 sowohl räumlich als auch baulich zu visualisieren. Er zog auf die Höhen, wo er weithin sichtbar mächtige gemörtelte Turmhäuser mit zumeist quadratischem, aber auch rundem oder polygonalem Grundriss errichtete, die eng von ihren Ringmauern ummantelt waren. Aber auch diesen simpel konzipierten Turmburgen fehlen die spektakulären Wehrelemente des 9./10. Jahrhunderts.

Dies lässt sich bestens am «Schlössel» bei Klingenmünster aufzeigen, das zu den ältesten Turmburgen des deutschsprachigen Raums gehört und vermutlich dem Schirmvogt des nahen Reichsklosters Klingenmünster als Wohnsitz diente. Dort nutzte man eine großflächige Wallburg des 7./8. Jahrhunderts, um deren nördliches Ende um 1030/40 durch eine kleinflächige Hauptburg von 45 x 35 Meter Größe zu überbauen. Eine polygonal gebrochene Ringmauer, von der nach Süden ein kleiner Torbau vorsprang, umfriedete einen mächtigen quadratischen Steinturm von 13,30 Meter Seitenlänge und 2,50 Meter Mauerstärke. Für diese frühen Turmhäuser sind Seitenlängen von über 10 Meter ebenso typisch wie Mauerwerke aus kleinen Quadern, sogenannten Handquadern. An seiner Ostseite wies das Turmhaus einen kleinen quadratischen Anbau auf, der als Abort zu deuten ist und sich auch an anderen salierzeitlichen Wohntürmen (Abenberg und Ebermannsdorf in Bayern, Arnsberg in Hessen) wiederfindet. Rekonstruieren lässt sich der Turmstumpf als ursprünglich mindestens fünfgeschossiges Turmhaus, das aufgefundenen Spolien zufolge in seinen Obergeschossen mit zahlreichen Fenstern versehen war und vermutlich über einem zinnenähnlichen Fensterkranz mit einem Pyramidendach abschloss. Wie alle salierzeitlichen Turmhäuser besaß es einen Hocheingang und fehlten ihm Gewölbe. Die interne Kommunikation erfolgte über Holztreppen oder Leitern. Analogien (Pfraumberg/Primda in Böhmen) zeigen, dass zumindest die meist oberhalb des Zugangsgeschosses gelegene Halle durch einen offenen

Wandkamin beheizt wurde. Bis auf den Zinnenkranz entbehrt der Turm jeglicher Wehreinrichtungen – was im Übrigen auch auf alle anderen Turmhäuser des 11. und 12. Jahrhunderts zutrifft.

Einen Wohnturm ähnlicher Größe errichtete Reginboto, Graf von Giech, um 1130 inmitten seiner Stammburg, der Giechburg (Abb. 13), wo das salierzeitliche Handquadermauerwerk bis 1979 noch 18 Meter hoch aufragte, dann aber leider im Zuge von Sanierungsarbeiten erneuert wurde. Nimmt man die Größe dieser Turmhäuser als Maßstab für den sozialen Rang der Bauherren, so reflektiert der um 1130 errichtete Kernbau der Burg Abenberg mit 15,60 x 14,60 Metern und 2,50 Metern Mauerstärke die außerordentliche Bedeutung der Grafen von Abenberg als Grafen des Radenz- und Rangaus sowie der Hochstiftvögte des Bistums Bamberg.

Gut erhaltene Exemplare salierzeitlicher Wohntürme finden sich in Dreieichenhain, Nordenau, Durlach, Chillon am Genfer See, Felberturm (A), Pfraumberg in Böhmen (Primda), Murach, Burglengenfeld (Sinzenhofer Turm) sowie im Schloss Tirol (I), während sich andere Türme nur archäologisch in Fundamenten nachweisen ließen (Hopfen am See, Abenberg, Treuchtlingen [Stadtschloss], Arnsburg, Marburger Schloss, Runkel, Düna, Nordenau, Hünenburg bei Todenmann, Lürken, Henneberg, Dunkelstein [A], Habsburg [CH]). Während die meisten dieser Turmhäuser frei im Hofinneren standen, lehnten sie sich in der Rüdenburg (Arnsberg), Hünenburg und Burg Dunkelstein gegen die Ringmauer.

Parallel zu den quadratischen errichtete man auch runde Wohntürme mit beachtlichem Durchmesser. Mit 18 Meter Außendurchmesser gehörte der im frühen 12. Jahrhundert erbaute «Bischofsturm» der Bischofsburg von Hamburg zu den größten Vertretern seiner Art. Seine Existenz belegt zugleich die rasche Verbreitung des neuen Burgentyps über den gesamten deutschsprachigen Raum. Als weitere Exemplare lassen sich u. a. aufführen: Steinenschloss, Hirschberg, Nordeck, Alt-Berneck, Niederohmen, Obertshausen, Sachsenstein, Holter Burg, Neuenburg in Sachsen-Anhalt, Groitzsch und Burglengenfeld.

13 – Giechburg. Virtuelle Rekonstruktion von Südosten um 1130

Hatte die traditionelle Burgenforschung noch postuliert, es gäbe vor Castel del Monte (I) als maßgeblichen Innovationsbau, d. h. vor 1220/30, keine Achtecktürme, so hat die moderne Burgenforschung dies längst widerlegt. Auf der Burg Sulzbach konnten die Fundamente eines oktogonalen Wohnturms in die Jahre um 1100 datiert werden. Dieser Prototyp fand um 1110/20 Nachfolgebauten im 39 Kilometer entfernten Creußen und im nur 19 Kilometer entfernten Ebermannsdorf. Letzterer steht sogar noch bis zur Mauerkrone aufrecht, setzt sich bauanalytischen Untersuchungen von 2003/04 zufolge aber aus zwei unterschiedlich alten Turmhälften zusammen: Während eine Hälfte aus der ersten Zeit des Bauwerks stammt, wurde die andere zwischen 1150 und 1180 gebaut, als man den offenbar infolge von Fundamentierungsproblemen teilweise eingestürzten Wohnturm wiedererrichtete. Später komplett eingelegte Achtecktürme bildeten die Kernbauten der Burgen Hundheim und Hiltpoltstein sowie der Ratzelburg (A). Ein elfseitiger hölzerner Wohnturm krönte um 1100 einen der beiden Mottenhügel der Burg Elmendorf in Niedersachsen. Auf die Fundamente eines zwölfeckigen Turms von 8,60 Meter Außendurchmesser und 2 Meter starken Mauern aus Handquadern stieß man im Jahr 2001 unverhofft bei Grabungen am Burgstall Vager bei

Bad Reichenhall. Die Mitte des 12. Jahrhunderts durch das Erzbistum Salzburg errichtete Burg ist 1177 indirekt, 1211 dann direkt als *castrum vager* beurkundet.

Auch fünfseitige Wohntürme sind bekannt (Fünfeckturm der Kaiserburg zu Nürnberg, 1150 oder bald darauf), sodass man dem 11./12. Jahrhundert eine durchaus variable Wohnturmarchitektur zugestehen darf. Dies bestätigt nochmals der grob dreiseitige Wohnturm der Burg Hiltpoltstein, der um 1100 auf den westlichen Felszwickel der Hauptburg gestellt wurde.

Etliche dieser Wohntürme dienten offenbar vorwiegend der Repräsentation und zur gelegentlichen festlichen Nutzung, wie zeitgleiche Palasbauten nahelegen (Sulzbach, Steinenschloss, Rüdenburg, Hiltpoldstein, Giechburg, Creußen etc.). Sie nehmen damit die Entwicklung der stauferzeitlichen Burg vorweg.

Die Beliebtheit polygonaler Türme illustrieren auch die beiden Sechsecktürme beiderseits des Tores der Burg Sachsenstein (um 1070) und die beiden Achtecktürme der ältesten Umwehrung der Neuenburg in Sachsen-Anhalt (um 1100). Die baulichen Vorbilder für diese Türme vermutet man in der Antike.

Feste Häuser Eine bauliche Alternative des herrschaftlichen Kernbaus, der gleichermaßen die aristokratische Führungsfunktion zu illustrieren vermochte, bildete das ungewölbte Feste Haus – *domus lapidea* –, das sich bereits im Frühmittelalter im französischen Burgenbau manifestierte. Allerdings fällt die typologische Trennung zum rechteckigen Wohnturm schwer, sobald sich nur Fundamente wie in Düna, Kanstein, Caldern, Weißenstein und im Marburger Schloss sowie auf Vianden in Luxemburg erhalten haben (siehe auch Altenberg [CH], S. 83). Der Hauptbau der Burg Flossenbürg, der seine leicht trapezoide Form dem Felsriff verdankt, auf dem er steht, zeigt dagegen deutlich die Gestalt eines Festen Hauses und ist aufgrund der Ersterwähnung der Burg im Jahr 1126 ins frühe 12. Jahrhundert zu datieren.

Motten «Baumoden» kennzeichnen den gesamten Burgenbau Europas durch alle Jahrhunderte ebenso wie die Weltarchitek-

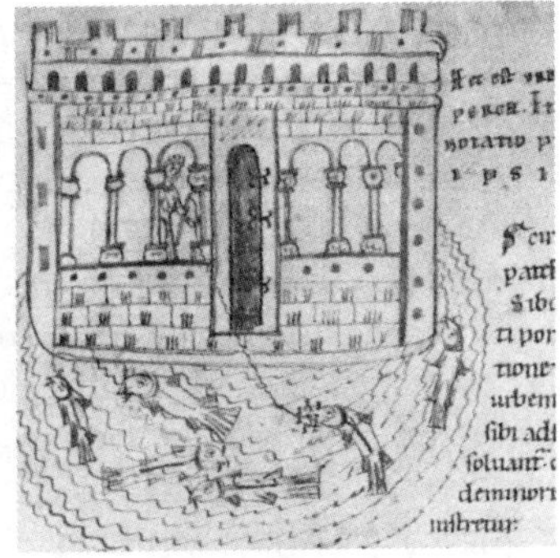

14 – Hartmannsberg. Darstellung des Festen Hauses im Codex Falkensteinensis, 1166–70

tur im Allgemeinen. Der neue Burgentyp der «Motte», der im 10. Jahrhundert im normannischen Nordfrankreich entwickelt wurde, bestand aus einem Erdhügel, den man innerhalb eines Ringgrabens mit dessen Aushub aufwarf und anschließend mit einem hölzernen Turm oder Haus bebaute. Der international geläufige Terminus «Motte» stammte aus dem gallo-fränkischen Sprachraum und bezeichnete dort sowohl einen Erdhügel als auch die einzelne Erdsode. In Deutschland hat sich leider der einen Turmaufbau implizierende und somit irreführende Begriff «Turmhügelburg» statt «Erdhügelburg» eingebürgert, der überdies von den Laien oft völlig falsch angewandt wird.

Da dieser Burgentyp recht schnell und kostengünstig zu errichten war, trotzdem aber die gehobene Stellung des Burgherrn eindrucksvoll zu visualisieren vermochte, erfreute er sich bald großer Beliebtheit in Mitteleuropa. Dem Umstand, dass ihn die Normannen unter Wilhelm dem Eroberer 1066 in Großbritannien einführten, sind die einzigen zeitgenössischen Darstellungen von Motten zu verdanken, denn die normannische Invasion Englands samt ihrer Vorgeschichte wurde kurz nach 1066 in der Art eines Comics auf dem berühmten Teppich von Bayeux nacherzählt. Neben prachtvollen Motten auf französischem Boden wie Dinan zeigt der Teppich, wie die Normannen unmittelbar nach ihrer Landung an der englischen Küste eine Motte bei Hastings aufwerfen. Deutlich erkennbar sind die verdichteten Erdschichten, die dem Hügel Stabilität verleihen. Interessant ist in diesem Zusammenhang eine allerdings nicht mehr überprüfbare Schriftquelle, derzufolge man die Invasion lange zuvor auf dem Festland durch die Vorfertigung der 700 Schiffe und einiger Holzburgen vorbereitete. Erst die Kombination aus Erdhügel und Bausatzburg ermöglichte die sofortige Installierung einiger Militärbasen. Über den Rhein als «klassischen» Innovationsweg zwischen Nordwesteuropa und Mitteleuropa erreichte die Motte in der zweiten Hälfte des 11. Jahrhunderts zuerst die niederrheinischen, dann ab 1100 die südlicheren Gebiete bis hinab nach Österreich. Allein für das niederrheinische Gebiet lassen sich zwischen dem 11. und 14. Jahrhundert über 300 Motten nachweisen, von denen der Großteil aus dem 12. Jahrhundert stammen dürfte.

Zu jeder Motte gehörte eine grabenumsäumte Vorburg, die zumeist sichelförmig einen Teil des Haupthügels umfasste. Es sind aber auch Motten mit mehreren Vorburgen (Hatzburg in Niedersachsen) oder gedoppelten Haupthügeln bekannt (Elmendorf und Beningaburg in Niedersachsen). Da sich Motten vorzüglich in humos-lehmigen Niederungen anlegen ließen, besaßen sie oft Wassergräben. Die Größe der konischen Erdhügel variierte stark, nicht zuletzt bedingt durch die finanziellen Möglichkeiten der Bauherren bzw. deren sozialen Stand. Kleine Motten wiesen Höhen von 2,50 bis 5 Metern und Gipfeldurchmesser von 15 bis 25 Metern auf, große Motten dagegen Höhen bis zu 12 Metern mit Gipfeldurchmessern bis zu 50 Metern. Alter und Bebauung einer Motte lassen sich nur archäologisch klären, wobei die im Feuchtboden hervorragend erhaltenen Holzpfähle oft dendrochronlogische Daten zum Baubeginn (Fälldatum) liefern. Pfostenlöcher und Wandgräbchen zeugen, wenn sorgfältig ausgegraben und dokumentiert, von ehemaligen Haus- oder Turmbauten und Palisaden, verfüllte Gruben von Grubenhäusern.

Eine bahnbrechende Mottengrabung ist dem Braunkohleabbau zu verdanken, dessen fortschreitende Landschaftsverwüstung 1949 bis 1951 die archäologische Untersuchung der innerhalb einer Erft-Schleife gelegenen Burgstelle Husterknupp veranlasste. Dabei musste der Ausgräber Adolf Herrnbrodt erkennen, dass selbst so unkompliziert wirkende Bauten wie eine Motte ein komplexes Wachstum aufweisen konnten. Denn der um die Mitte des 11. Jahrhunderts auf mehr als 6 Meter

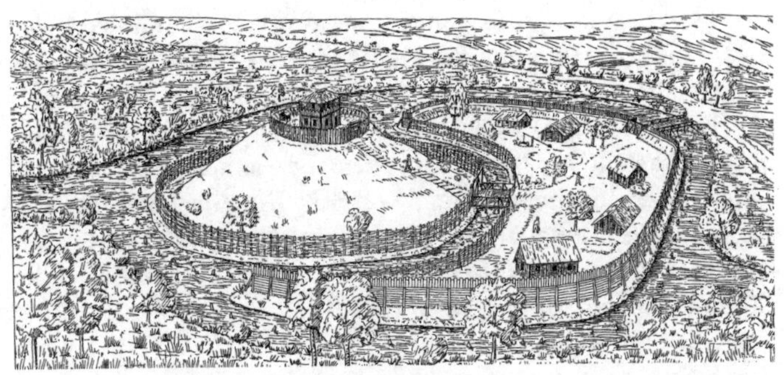

15 – Husterknupp. Rekonstruktion der Hochmotte (Phase III) Mitte des 11. Jh.s.

Höhe aufgeschüttete Mottenhügel ruhte auf einem etwas niedrigeren künstlichen Vorgängerhügel, einer sogenannten Kern- oder Flachmotte aus der Zeit um 1000, die ihrerseits einer wassergraben- und palisadenumwehrten Flachsiedlung aus der Mitte des 10. Jahrhunderts (nach dendrochronologischer Bestimmung: 954 n. Chr.) aufsaß. In den ersten beiden Bauphasen erstellte man die Holzhäuser aufwendig in Stabbautechnik, was gemeinsam mit der gewaltigen Größe der Motte auf hochgestellte Bauherren schließen ließ: die Grafen von Hochstaden. Ähnliche Wachstumsprozesse in Verbindung mit älteren Vorgängersiedlungen fanden sich in den Ausgrabungen an Haus Meer, Lürken und Garsdorf.

Motten bargen aber auch zwei gravierende Nachteile: Erstens war Holz ein relativ kurzlebiges und leicht entzündliches Baumaterial, zweitens vermochte der künstlich aufgeworfene Hügel keine schweren Aufbauten zu tragen. Versuche, die hölzernen Aufbauten einer Motte zeitgemäß durch steinerne Ummauerungen, Häuser oder Türme zu ersetzen, führten daher umgehend zu schweren statischen Schäden. Davon legen zerborstene Steinaufbauten und zerflossene Erdhügel auf den Burgen Duffus und Clifford's Tower in York (beide GB) sowie Mondoubleau in Loir-et-Cher (F) beredtes Zeugnis ab. Dort, wo Steinbauten intakt auf Motten stehen, konnte die Archäologie nachweisen, dass entweder die Fundamente dieser Aufbauten im Inneren der Motte bis auf den festen Boden hinabreichen oder im Kern des Hügels ältere abgebrochene Vorgängerbauten stecken. In beiden Fällen warf man den Hügel sekundär auf – ein Vorgang, den die Castellologie als «Einmotten» bezeichnet (Beningaburg, Linn, Moers, Stolpe, Gelting, Kessel B, Doué-la-Fontaine [F]). Der umgedrehte Bauablauf sieht zuerst die Motte, dann deren Ummauerung mit Planierung einer geschlossenen Innenfläche (Bommersheim; Schloss Jessen [Elster]).

Der Umstand, dass sich die Holzbauten einer Motte nicht durch Steinbauten ersetzen ließen, erklärt, warum etliche spätere Hauptbauten neben Motten stehen (Haus Aspel).

In den letzten Jahrzehnten kam es im Zuge des Mittelalterbooms zu mehreren maßstabsgetreuen Rekonstruktionsversuchen von Motten als Attraktion einiger Freilichtmuseen: zuerst in Saint-Slyvain-d'Anjou (F) samt Vorburg (1990er Jahre), sodann im Falle der sogenannten Bachritterburg in Kanzach (2001–2004), ferner in Lütjenburg (2002/03–2005) und Bärnau-Tachov (ab 2010). Der für die Ausstellung «Burgen Aufruhr 1225» in Herne errichtete Nachbau eines Mottenturms steht heute nahe Burg Gevern bei Neuenrade.

Der Burgenbau im Hochmittelalter (1150–1250)

In diese Zeitspanne, in der die Aktivitäten im Burgenbau kulminierten, fällt die Blütezeit der «staufischen Burg», deren Bauform zwischen 1180 und 1230 den mitteleuropäischen Burgenbau dominierte und unser «klassisches» Bild einer typischen «Ritterburg» prägte: die von einer Ringmauer umwehrte Höhenburg mit hohem Turm (Bergfried) und Palas. Neben der Co-Existenz von Bergfried und Palas gilt das Mauerwerk aus Buckelquadern als markantes Charakteristikum dieser Burganlagen.

Königspfalzen und Reichsburgen Das Reich selbst leistete einen markanten Beitrag zum damaligen Burgenbau. Kaiser Friedrich I. Barbarossa (1152–1190) erneuerte nicht nur die karolingischen Pfalzen zu Nimwegen und Ingelheim sowie die salierzeitliche Pfalz zu Goslar, sondern errichtete neue Pfalzen zu Kaiserslautern, Kaiserswerth, Frankfurt am Main, Seligenstadt, Wimpfen, Hagenau, Gelnhausen und Eger. Sie zeichneten sich nicht nur durch ihre hervorragenden Steinmetzarbeiten aus – kraftvolles Buckelquadermauerwerk, Palasse bzw. Saalbauten mit aufwendig ornamentierten Fensterarkaden und Wandkaminen, prachtvoll gestaltete Kapellen, oft zweigeschossig als Doppelkapellen ausgeführt –, sondern auch durch ihren burgartigen Charakter mit massiven Ummauerungen, Torbauten und Bergfrieden. Gelnhausen sollte neben dem Torbergfried einen zweiten, freistehenden Bergfried erhalten, während Wimpfen sogar drei bergfriedartige Türme aufweist.

Friedrich I. ließ auch die Reichsburgen Nürnberg und Trifels ausbauen, wobei die Bauaktivitäten auf dem Trifels offenbar in seine letzten Lebensjahre fielen. Ihm ist der dominante dreigeschossige Wohnturm zuzuschreiben, dessen Außenmauerwerk durch fein gearbeitete Quader mit kissenförmigen Oberflächen («Kissenquader») beeindruckt. Zur Steigerung sowohl der optischen Prachtentfaltung als auch der monumentalen Wucht verkleidete man sogar den Sandsteinfels, der das untere Turmdrittel bildet. Die Ostseite schmückt ein halbrunder Kapellenerker über Konsolen mit Kopfmasken. Die Position der Kapelle an der Zugangsseite, bisweilen auch direkt über oder neben dem Burgtor, ist auch an anderen Burgen zu konstatieren und sollte offenbar im apotropäischen (unheilabwehrenden) Sinn den Schutz Gottes für das Burgtor und den Burgweg herbeiführen. Der südlich anstoßende Palas mit eigenem Abortanbau geht nur in seinem Sockelbereich auf das erste Drittel des 13. Jahrhunderts zurück, ansonsten stellt er eine nationalsozialistische Kreation aus den Jahren 1938/45 dar. Der isoliert nördlich der Burg aufragende Brunnenturm repräsentiert eine weitere stauferzeitliche Ausbauphase nach 1230.

Friedrichs Nachfolger, die Könige Heinrich IV. (1190–97), Philipp von Schwaben (1198–1208), Otto IV. (1198–1215) und Friedrich II. (1212–1250) agierten weit weniger baufreudig. Erwähnenswert sind jedoch die unter Philipp von Schwaben errichtete Burg Landskron und die von Friedrich II. nach einem Brand teilerneuerte, unbefestigte Pfalz von Seligenstadt.

Wohntürme Obwohl zahlenmäßig erkennbar verdrängt durch die modische Bauform des Bergfrieds, verschwand die Wohnturmarchitektur nicht völlig. Quadratische Wohntürme gab es jedoch nur noch selten (Langenegg, Vilseck [A]); sie wiesen mitunter Ecktourellen, d. h. kleine Rundtürme an den Ecken auf (Thun und Scheidegg [beide CH], Hugofels), was französische Einflüsse spiegelt. Bevorzugt wurden fortan mächtige, donjonartige Turmbauten von rechteckiger Gestalt (Freiburg, Breisach Schauenburg, Hohengerodseck, Veste Oberhaus in Passau, Rathsamhausen im Elsass). Der mit 17,70 Metern Außendurchmesser größte Rundturm des deutschsprachigen Gebiets steht inmitten der Burg Stolpe: der um 1200 aus Backstein errichtete sogenannte Grüttpott. Er wurde bei einer geplanten Höhe von etwa 30 Metern außen etwa 10 Meter hoch «eingemottet». Da sich die 5,80 Meter (!) starken Mauern bis zum Obergeschoss durch Rücksprünge verjüngen, verbleibt dort ein Saal von 10 Metern Durchmesser, der eine Klassifizierung nicht als Bergfried, sondern als Wohnturm rechtfertigt.

Bergfriede Zu den elementaren Bestandteilen des stauferzeitlichen Burgenbaus zählt der Bergfried, den die zumeist populärwissenschaftliche Literatur zum Thema als unbewohnbaren Hauptturm einer Burg definiert, der im Kriegsfall aber als letzter Zufluchtsort diente und in seinem Sockel ein Verlies barg. Durch offene Kampfplattformen soll er wesentlich zur Verteidigung beigetragen haben – was «abwerfbare Dächer» voraussetzt. All dies ist, die Zuordnung als «Hauptturm» ausgenommen, ebenso unzutreffend wie der Begriff «Bergfried», den erst 1837 Heinrich Leo aufbrachte. Der historische Terminus *berchfrit* meint eigentlich einen Belagerungs-, Mauer- oder Glockenturm. Das Hochmittelalter benötigte keine bauliche Definition, kannte lediglich die Begriffe *torn, turn* oder (lateinisch) *turris*. Das Bauschema dieser Türme folgte einer einheitlichen Struktur: ein sehr hoher Sockel von 8 bis 12 Metern Höhe, der innen zumeist hohl

16 – Burg mit Steg zum Bergfried. Konrad Kyeser, Bellifortis. 1405. Umzeichnung BfB

als Schacht, mitunter aber auch massiv ausgeführt war und je nach Zeitstellung von einer Holzdecke oder einem Gewölbe nach oben abgeschlossen wurde. Er besaß direkt oberhalb des Sockels einen Hocheingang, der von benachbarten Baulichkeiten aus über einen Steg (Stege erscheinen immer wieder auf zeitgenössischen Abbildungen; Abb. 16) oder vom Hof aus über eine Holzstiege oder Strickleiter zu erreichen war. Das Zugangsgeschoss erfuhr mitunter eine aufwendige Ausgestaltung als Hauptraum mit Wandkamin und bisweilen sogar mit Abort; darüber lagen zwei bis drei Räume, die zumeist über Leitern, Blocktreppen, seltener über steinerne Treppen in der Mauerdicke erreicht wurden und oben entweder mit einer Holzdecke, sehr oft aber mit einem Gewölbe abschlossen. Nochmals darüber befand sich unter einem Pyramiden- oder Kegeldach, seltener einem Sattel- oder Walmdach (je nach Grundrissform und Zeitstellung), ein Geschoss mit umlaufenden Zinnenöffnungen.

Die irrige Annahme einer vorrangigen Wehrfunktion des Bergfrieds lässt sich unschwer widerlegen: Nur sehr wenige Bergfriede besitzen tatsächlich bauzeitliche Wehreinrichtungen wie Schießscharten oder Wurferker (Hohenschelklingen, Miltenburg), lediglich die Zinnenkränze eigneten sich bedingt zur fortifikatorischen Nutzung. Der aufgrund seiner schweren Zugänglichkeit schützende Hocheingang verhinderte im Belagerungsfall ein offensives Agieren der eingeschlossenen Verteidiger. Kleine Bergfriede wie Hiltpolstein (5,80 x 5,80 Meter), Lichtenstein in Unterfranken (5,10 x 5,10 Meter), Schenkenschloss/Roßberg (5,50 x 5,50 Meter) oder Marksburg (5,60 x 6,60 Meter) besaßen aufgrund der fast zwei Meter starken Mauern im Inneren nur schachtartige Räume, die im Kriegsfall kaum Bewegungsfreiheit boten, derer man zur Verteidigung aber bedurft hätte. Überdies stehen Bergfriede oft nicht dort, wo sie wehrtechnisch am sinnvollsten wären, sondern vielmehr da, wo sie fern- und nahoptisch ihre monumentale Wucht am besten entfalten können. Vor allem aber widerspricht die hochwertige Ausführungsqualität des Mauerwerks – oft herrlich gefertigtes Buckel- oder Glattquadermauerwerk – einer rein militärischen Funktion.

Aufgrund ihrer erschwerten Zugänglichkeit und Feuerfestigkeit nutzte man Bergfriede oft als Depots für Wertsachen und Urkunden. Anlässlich des Einsturzes des Bergfrieds der Burg Burghausen im Jahr 1482 erfährt man, dass sich die Kleinodien der Wittelsbacher Herzöge darin befanden. Der Bergfried fungierte aufgrund seiner beachtlichen Höhe auch als Auslug. Der «Türmer» taucht obligat zusammen mit dem Torwächter in jeder Beschreibung einer Burgbesatzung auf; seine Anwesenheit bezeugen bewohnbare Räume mit Kaminen, die man im 19. Jahrhundert fälschlich als Pechküchen deutete.

Hinsichtlich seiner Dimensionen und Grundformen kennt der Bergfried alle denkbaren Ausformungen: am häufigsten sind quadratische (Lichtenberg, Katzenstein, Prunn) oder runde (Münzenberg, Querfurt, Leuchtenburg), des Weiteren dreieckige (Haldenstein [CH], Grenzau), fünfeckige, sechseckige (Brandenburg in Thüringen), achteckige (Steinsberg, Endsee, Stollburg), zwölfeckige oder rechteckige (Hardegg und Weitenegg [A]) Grundrisse. Manche Bergfriede zeigen eine tropfenförmige (Falkenstein in Sachsen-Anhalt, Ravensberg, Sparrenburg, Forchtenstein [A], Bolkoburg [PL]), verzogen-ovale (Blankenberg, Randeck, Seebenstein [A]) oder unregelmäßig polygone Gestalt wie der Siebeneckturm auf der Burg Rieneck. Bei den Fünfecktürmen ist zwischen der häufiger auftretenden quadratischen Form mit zugespitzter Frontseite (Boyneburg, Pfalzgrafenstein, Ortenberg im Elsass) und den eher seltenen gleichseitigen Ausformungen (Neuhaus [A]) zu unterscheiden. Eine Sonderform stellen die gestuften Bergfriede dar, deren schmalere Aufbauten man zumeist erst später aufsetzte (Arnsberg,

Brandenburg in Thüringen, Marksburg, Altenburg bei Bamberg, Falkenstein im Taunus). Bei Bergfrieden mit schlanken, gerundeten Aufsätzen (Marksburg, Friedberg in Hessen, Altenburg bei Bamberg, Neuhaus in der Oberpfalz, Osterburg, Falkenstein im Taunus) spricht man von «Butterfasstürmen». Ungewöhnlich ist der dreifach gestufte Bergfried der Burg Freudenberg, dessen untersten beiden Abschnitte einer Bauphase angehören. Breit abgerundete Ecken an viereckigen Bergfrieden (Ehrenstein in Thüringen, Veldenstein, Olbrück) sind ein Charakteristikum jüngerer Türme des 14. Jahrhunderts.

Was die Proportionen anbelangt, so sind Seitenlängen bzw. Durchmesser von 5 bis 10 Metern durchaus üblich, wohingegen größere Türme gefährlich nah an die Definitionskriterien eines Wohnturms geraten. Gegenüber diesem grenzt sich der Bergfried dadurch ab, dass ihn – insofern mit Kamin, Abort und Fenster ausgestattet – seine geringe Größe nur zeitweilig bewohnbar macht. Daher bleibt als wesentliches Charakteristikum die schlanke Form, die ihn zu einer originären Schöpfung des deutschen Burgenbaus erhebt. Die doppeltürmigen Burgen Anhalt und Eckartsburg belegen dieses Definitionskriterium, da sie je einen älteren größeren Wohnturm und einen jüngeren kleineren Bergfried besitzen.

Zweiphasigkeit erklärt zwar bei einigen Burgen die Existenz zweier Bergfriede (Münzenberg, Anhalt, Eckartsburg, Osterburg, Hohegisheim im Elsass), jedoch nicht bei allen (Hirschberg, Besigheim, Thurandt, Wildenberg im Odenwald, Saaleck, Hohandlau im Elsass). Gedoppelte Bergfriede dienten offenbar zur gesteigerten Machtdemonstration. Dies belegt die kleinstadtartige Ganerbenburg Salzburg in Unterfranken eindrucksvoll, deren beide Bergfriede nicht nur die hochwertigen Bauwerke darstellen, sondern überdies dem Bischof von Würzburg gehörten, der mit ihnen um 1190/1200 seine Macht nach innen und außen veranschaulichte. Einen dritten Bergfried errichtete der Burgvogt um 1220/30, um auch seine besondere Stellung optisch zu betonen.

Eine größere Höhe vortäuschen sollten jene Türme, die sich nach oben leicht verjüngen (Ziesar, Strahlenburg, Fustenberg/

Stromberg, Gutenfels, Rittersdorf, Thurandt).

17 – Scharfeneck. Bergfried. Steingerechtes Aufmaß der Südseite mit Kartierung der verschiedenfarbigen Sandsteine

Instruktiv ist ein genauer Blick auf den im Jahr 1999 fachkundig untersuchten Bergfried der Burg Scharfeneck bei Scheinfeld, der sich weithin sichtbar als letzter Rest des 1339 erwähnten *castrum Scheinfelt* erhebt. Der quadratische Bergfried hat sich bis zu einer Höhe von 16 Metern erhalten und zeigt an seinem Sockel eine Seitenlänge von 7,20 Metern sowie eine Mauerstärke von 2,80 Metern, die sich bis zur Mauerkrone um 0,60 Meter verjüngt. Bemerkenswert ist die hochwertige Außenhaut des Bergfrieds aus vorzüglich behauenen Buckelquadern vor allem wegen ihrer bewusst dekorativen Farbgestaltung: Für die Turmecken benutzte man beige-gelbliche Schilfsandsteine im Läufer-Binder-Verband, für die restlichen Mauerflächen Buckel- und Glattquader von grauem Farbton. In der gut geschützten Südwand öffnete sich in 10 Metern Höhe der Hocheingang, der – wie oft zu beobachten – eine kleine hölzerne Laube besaß, die auf drei Konsolen ruhte, an zwei Klauensteinen aufgehängt war und wohl über einen Steg von der benachbarten Ringmauer aus erreicht werden konnte. Im 2,60 x 2,60 Meter großen Zugangsraum war ein Wohngeschoss geplant, wie eine breite Fensternische und die Nische für einen kleinen Wandschrank bezeugen. Auch hatte man einen Haubenkamin vorgesehen, diesen dann aus Platzgründen aber nicht ausgeführt. Unter dem Holzboden des Eingangsraums erstreckte sich ein Schacht von 1,50 Meter Seitenlänge, der vermutlich zum Einlagern von Baumaterialien oder Wurfsteinen gedacht war. Die Kommunikation zwischen den Stockwerken erfolgte vermittels Holzleitern. Errichtet wurde der Turm um 1230/40 vom Bistum Bamberg, das 1202 in den Besitz dieses Sitzes der edelfreien Herren von Scheinfeld gekommen war.

Zu den großartigsten Bergfriedschöpfungen der Stauferzeit gehört der Achteckturm der Burg Steinsberg, der inmitten einer polygonalen Ringmauer 30 Meter hoch bis zu seinem originalen (!) Zinnenkranz aufragt (s. Abb. 26). Sein Durchmesser beträgt 12 Meter bei einer Mauerstärke von 3,70 Metern. Von hervorragender Qualität ist sein Mauerwerk aus herrlich gearbeiteten Sandsteinbuckelquadern, die sogar die Kanten des Achtecks betonen und zahlreiche Steinmetzzeichen tragen (die sich auch im Turminneren wiederfinden). Der quadratische Schacht des Turmsockels schließt in Höhe des Turmzugangs mit einem Gewölbe ab, das eine Luke – ein sogenanntes Angstloch – enthält. Verliese kamen allerdings erst mit der Inquisition ab dem 15. Jahrhundert in die Türme der Burgen und Stadtbefestigungen (Beispiele Harburg und Werdenfels), vorwiegend sogar erst im 16. bis 18. Jahrhundert («Bettelbub» auf Burg Eppstein). Wie sich zeigte, führte die erwähnte Luke ursprünglich zu einer Zisterne im Felsboden. Neben dem Turmportal, zu dem ein Steg vom Wehrgang der Ringmauer führte, öffnete sich in 11 Meter Höhe eine zweite Tür zu einem hölzernen Balkon. Dieser ermöglichte jenen Blick in den Burghof, den der Hocheingang in der torabgewandten Turmseite nicht bieten konnte. Über dem runden, erneut eingewölbten Eingangsgeschoss lagen zwei weitere Räume, von denen der obere mit einem Wandkamin ausgestattet und ebenfalls überwölbt war. Holztreppen dienten als Verbindung zwischen den Turmgeschossen. Eine bauhistorische Untersuchung im Jahr 2010 erbrachte als Baudatum für den Turm die Zeit um 1200 und für die Umwehrung um 1190, als die Grafen von Öttingen die Burg übernahmen.

Zur Genese des Bergfrieds lässt sich konstatieren, dass erstmals um 1150/60 einige kleinformatige Türme die Kriterien eines Bergfrieds teilweise erfüllen. Kernbau der 1149 durch den Kölner Erzbischof Arnold I. auf dem Drachenfels über dem Rhein begonnenen und durch Gerhard von Are, Propst des Stiftes St. Cassius und Florentinus, vollendeten Burg war ein kleiner ungewölbter Turm von 7,50 x 6,50 Metern Größe aus handlichen Buckelquadern. Der Zugangsraum im ersten Obergeschoss besaß in der erhaltenen östlichen Turmhälfte einen Wandkamin und einen Wandbehälter, war demnach zumindest zeitweilig bewohnbar. Aber auch das Geschoss darüber dürfte seiner beiden erhaltenen Zwillingsfenster zufolge als Wohnraum konzipiert gewesen sein. Hier drängt sich die naheliegende Frage auf: Bergfried oder – bedingt durch die exponierte Lage auf einem Trachytfelsen – kleiner Wohnturm? Ähnlich früh und kleinflächig, aber auch ähnlich problematisch zu interpretieren sind Turmreste in den Burgen Arnsberg (um 1150) und Manderscheid (1166).

Die Langlebigkeit bzw. den hohen Symbolgehalt des Bergfrieds illustrieren späte Burgbauten wie Hohenfreyberg (1418–32) und Ludwigstein (1415), die trutzige Rundbergfriede als Anachronismen beibehielten, sowie jene Renaissanceschlösser, die um alte Türme herum wuchsen, ohne dass man diese beseitigt hätte (Aschaffenburg, Giechburg, Detmold, Ronneburg, Zitadelle von Spandau).

Palasse Bergfried und Palas bedingten einander baulich, da sie die zuvor in den Wohntürmen vereinten Funktionen der Repräsentanz, Wohnlichkeit und symbolhaften Wehrhaftigkeit unter sich teilten. Abgesehen vom Buckelquadermauerwerk gilt der Palas – lat. *palatium* – neben dem Bergfried als wichtigstes Charakteristikum der stauferzeitlichen Profanarchitektur, wenngleich er als herrschaftlicher Wohnbau keinesfalls eine Neuschöpfung darstellt. Die Gestalt des Palas unterlag analog zu jener des Bergfrieds einem klaren Konzeptionsprinzip, das bereits durch die ottonisch-salierzeitlichen Pfalzen vorgegeben war: ein längsrechteckiger Baukörper oft mit teileingetieftem Untergeschoss bzw. Erdgeschoss, einem großen Saal im ersten Stock und mitunter einem zweiten Obergeschoss mit einem weiteren Saal oder Privaträumen unter einem Giebeldach. Das Untergeschoss/Erdgeschoss besaß eigene breite Zugänge, da man dort Viktualien, Weinfässer und Gerätschaften einlagerte.

18 – Münzenberg. Südlicher Palas.
Rekonstruktionsversuch der Hofansicht

Dem repräsentativen Charakter des Gebäudes entsprach die mitunter doppelläufige Freitreppe zum prachtvoll gearbeiteten Hauptportal im ersten Stock. Die dort untergebrachte Halle bestach durch kunstvoll ornamentierte Fenster- und Kamingewände. Talseitig öffneten sich mehrteilige Fenstergruppen, die sich aus zwei bis sieben nebeneinanderliegenden, «gekuppelten» Fenstern zusammensetzen konnten. In der Regel besaßen die Palasse hölzerne Böden; Gewölbe scheinen erst im zweiten Drittel des 13. Jahrhunderts vorzukommen.

Dendrochronologisch exakt datiert ist der wohlbekannte Palas der Wartburg, dessen drei untere Geschosse sich inklusive des Saals im ersten Obergeschoss 1157 bis 1162 im Bau befanden. Sie enthielten talseitig insgesamt sieben Blendnischen mit Drillings- oder Zwillingsfenstern, deren Säulen fein gearbeitete Kapitelle tragen. Der Saal im zweiten Obergeschoss wurde 1170/80 aufgesetzt. Bauausführung und Bauplastik spiegeln den hohen gesellschaftlichen Rang der Burgherren, den Grafen von Thüringen.

Um 1170/80 statteten die bedeutenden Ministerialen von Hagen ihre Burg Münzenberg nicht nur mit einem mächtigen Bergfried, sondern auch mit einem prachtvollen Palas aus (Abb. 18). Sein Saal im zweiten Obergeschoss stach äußerlich durch eine vierteilige Fensterarkade und ein separates Portal hervor. Auf

19 – Salzburg. «Münze». Nordseite mit Bauphasen. Das Obergeschoss wurde sekundär aufgesetzt.

einen weiteren Höhepunkt staufischer Palasarchitektur trifft man in der Ulrichsburg (Großrappoltstein) im Elsass.

Ein Kleinod staufischer Profanarchitektur stellt die sogenannte Münze in der Salzburg in Unterfranken dar. Die um 1150 gegründete, fast 11 Hektar große Riesenburg teilte der Burgherr – das Erzbistum Würzburg – von 1200 an mit sieben Burgmannenfamilien, unter ihnen die Herren von Brende. Diese setzten um 1250 der Torhalle ihres Ansitzes eine nicht beheizbare Sommerhalle auf, die durch großartige Steinmetzfertigkeit besticht. In ihr öffnet sich frontseitig innerhalb einer sorgfältig geglätteten, mit drei feinen Säulen und einem Ahornblattfries verzierten Blende eine filigran gearbeitete Fenstergruppe aus zwei Dreierarkaden (Abb. 19). Diese wiederum wird von Vierpässen, Halbsäulen mit Knospenkapitellen und attischen Basen geschmückt.

In Ermangelung teuren Fensterglases verschloss man solche Durchfensterungen im Winter und bei Schlechtwetter innen mit Holztafeln, die man – wie vorhandene Verschlussvorrichtungen (Abenberg, Wertheim) bezeugen – verkeilte und verriegelte.

Burgkapellen Die hohe Bedeutung der Kapelle innerhalb der Burg spiegeln die nach dem Vorbild der karolingischen Pfalzkapelle in Aachen errichteten zweigeschossigen Kapellen, die «Doppelkapellen». Sie erlaubten es, dass hochgestellte Adelige im Obergeschoss dank einer großen Öffnung im Gewölbe ungestört und ungesehen von den Besuchern im Kirchenraum dem Gottesdienst beiwohnen konnten. Doppelkapellen finden sich bezeichnenderweise nur an bedeutenden Burganlagen, wo sie in den herrschaftlichen Gebäudekomplex eingebettet (Reichsburg Nürnberg, Schloss Tirol) oder von diesem separiert sein konnten (Kaiserpfalz Eger, Landsberg und Neuenburg in Sachsen-Anhalt, Querfurt).

Ansonsten finden sich für die Anlage der Sakralräume unterschiedlichste Lösungen, wobei seit 1190/1200 der Kapellenerker eine vollständige Integration in den Palas (Lichtenstein in Unterfranken, Landsberg im Elsass), den Wohnturm (Trifels) oder den Torturm (Wildenburg, Gelnhausen, Münzenberg) ermöglichte.

In den Ordens-, Bischofs- und landesfürstlichen Burgen konnten die Sakralbauten oft kirchenartige Dimensionen erreichen (Burghausen, Ziesar), während jene in Burgen des niederen Adels wesentlich bescheidener ausfielen. Die aufwendige Ausgestaltung der Kapelleninnenräume mit Wandmalereien von hoher Qualität, kostbaren Altären, Apsiden und reich profilierten Portalen veranschaulichte nicht nur die besondere Gläubigkeit, sondern auch den Wohlstand des Burgherrn. Zurecht gerühmt werden die zu Beginn des 13. Jahrhunderts geschaffenen Fresken der bereits 1131 geweihten Burgkapelle von Hocheppan in Südtirol, die neben der Legende der Heiligen Drei Könige auch süffisante Darstellungen der «Törichten Jungfrauen» und der «Knödelesserin» zeigen.

Buckelquader, Ringmauer, Torbauten und Mauertürme Den stauferzeitlichen Burgenbau des deutschen Reiches charakterisiert vor allem das Mauerwerk aus Buckelquadern . Unter einem Buckelquader versteht man einen in der Art eines Quaders behauenen Stein, dessen Stirnseite lediglich entlang des Rands schmal geglättet wurde (sogenannter Randschlag), ansonsten aber bucklig oder bossenartig vorspringt. Entgegen der oft geäußerten Behauptung, diese Bearbeitung des Quaders würde Zeit sparen, muss auch der Buckel gestaltet werden – was bei kissen- oder eiförmigen Bossen sogar deutlich mehr Aufwand erfordert, als die Seiten glatt zu behauen. Die Burgenforschung beschäftigt sich schon lange mit dem Phänomen des Buckelquaders und seines Formenwandels, konnte bislang aber außer der Erkenntnis, dass vor 1200 gefertigte Exemplare schmale, 2 bis 3 Zentimeter breite Randschläge aufweisen, noch keine Feinchronologie erarbeiten.

Das Auftreten der frühesten Buckelquader (Königspfalz Rothenburg, Salzburg in Bayern, Drachenfels) fällt in die Jahre um 1150 und somit in die letzten Herrschaftsjahre von Konrad III. (1138–52), vor allem aber in die Regierungszeit von Kaiser Friedrich I. (1152–90). Der Buckelquader ist keinesfalls eine Innovation der Stauferzeit, sondern ein bewusster Rückgriff auf antik-römische sowie antik-griechische Vorbilder, um Altehrwürdigkeit und damit Anspruch und Größe des Heiligen Römischen Reichs zu dokumentieren. Da das Rittertum in diesem kraftvollen, trutzigen, abweisenden und zugleich eindrucksvollen Mauerwerk eigene Tugenden repräsentiert sah, geriet das Buckelquadermauerwerk rasch zu einer modischen Bauform. Erst der Buckelquader ließ die Ringmauer zu einem optisch ansprechenden Gestaltungselement werden. Besonders imposant fielen dabei polygonale Umwehrungen aus, deren stumpfe Kanten die Buckelquader durchgängig nachzeichneten.

Obwohl die salierzeitlichen Burgen bereits Torbauten kannten, finden sich diese nur selten an stauferzeitlichen Burgen. Die wenigen Tortürme wie auf der vermutlich unvollendet gebliebenen Burg Schloßeck zeichnen sich analog zu den Portalen eher durch anspruchsvolle Gestaltung und hochwertige Ornamentik aus als durch besondere Wehrhaftigkeit. Dies widerspricht allerdings der stets nachzulesenden Behauptung, das Burgtor sei als kritische Schwachstelle besonders befestigt. Dies trifft erst ab dem 15. Jahrhundert zu, als man Tore mit Wurferkern, Fallgittern, Zugbrücken und Schießscharten stark befestigte. Kaum wehrhafte Tortürme mit ansehnlichen Stufenportalen finden sich um 1220 an Wildenberg im Odenwald (s. Abb. 10), an Prozelten, um 1230/40 an der Cadolzburg sowie 1240/50 an der Burg Abenberg. Der bergfriedartige Torturm der Salzburg besitzt als einziges Bauwerk der Burg an allen Außenwänden kraftvolles Buckelquadermauerwerk. Sein Stufenportal erinnert mit seinem Zickzackfries an das Ostportal des Bamberger Doms, weist aber zudem einen Röllchenfries auf. Die Wehrelemente beschränkten sich auf den Zinnenkranz und ein winziges Schreckgesicht apotropäischen Charakters. Der Torbergfried zählte zu jenen Bauten, die dem Bischof von Würzburg selbst gehörten. Um 1185 bis 1200 errichtet, sollte er durch seine aufwendige Gestaltung, sein beinah sakral anmutendes Portal und nicht zuletzt durch den bewussten Verzicht auf Wehrelemente die Unverletzlichkeit des übermächtigen Bauherrn sowohl nach außen wie auch nach innen veranschaulichen.

Der besonderen Machtentfaltung dienten auch die wohl gegen 1200 aus dem französischen und/oder englischen Raum importierten Doppelturmtore, die eine besonders wuchtige Monumentalität entfalteten. Bei ihnen wurde das Tor außen von zwei zumeist halbrunden Tortürmen flankiert, die ab 1210/20 oft sogar Schießscharten zum direkten Schutz des Tores aufwiesen. Im deutschsprachigen Raum stammten die Impulse für diesen Bautyp einmal mehr aus der wohlhabenden Reichs- und Bischofsstadt Köln, die ihren neuen Mauerring in den Jahrzehnten nach 1188 bzw. um 1200 in Anlehnung an das Himmlische Jerusalem mit zwölf mächtigen, buckelquaderverzierten Doppelturmtoren bewehren ließ. Auch das Doppelturmtor geht auf die bewusste Reaktivierung eines antiken Bauelements zurück – man denke etwa an die römische Porta Nigra in Trier – und besitzt mittelalterliche Vorläufer in der Burg in Bernshausen (10. Jahrhundert, s. Abb. 11) oder an der Burg Sachsenstein (vor 1074).

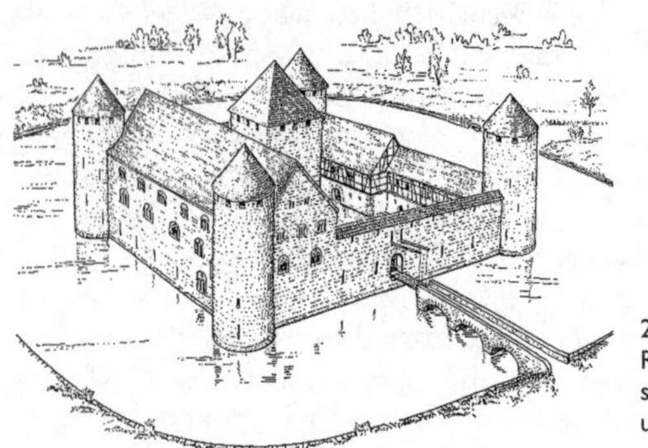

20 – Lahr. Rekonstruktionsversuch der Kastellburg um 1220

Von ungewöhnlicher Gestalt ist das Doppelturmtor der Burg Hirschberg, deren zentralen Torbergfried zwei fächerförmige Türme flankieren. Das herrlich gearbeitete Buckelquadermauerwerk verweist auf eine Zeitstellung im frühen 13. Jahrhundert.

Flankierende Mauertürme finden sich, obwohl im Frühmittelalter durchaus bekannt, erst im ausgehenden 12. Jahrhundert an Stadtbefestigungen wie Köln oder Fritzlar wieder. In den 1240er Jahren bewehrten sie die bedrohte Bergseite der Stadtmauer von Oberwesel, wohingegen die Türme der Rheinseite mauerbündig standen.

Flankierungstürme an allen vier Ecken und ein symmetrischer Grundriss charakterisieren den Bautyp der bereits in der Antike und in Byzanz gebräuchlichen Kastellburg. Unter König Phlippe II. Auguste erfreute sich dieser Burgentyp in Frankreich großer Beliebtheit, wobei dort ein Eckturm oft als Hauptturm bzw. Donjon ausgebildet wurde. Im deutschsprachigen Raum stellt die in den Jahren 1218 bis 1225 erbaute Wasserburg Lahr den frühesten Vertreter dieses Bautyps dar (Abb. 20), gefolgt von Neu-Leiningen (1238–41). Zahlreiche weitere Exemplare finden sich über ganz Mitteleuropa verstreut, wobei offenbar die südländischen Kastellburgen Kaiser Friedrichs II. (Trani, Augusta, Syrakus, Catania, weiterhin Prato) wichtige Bauimpulse lieferten. Kastellburgen eigneten sich in besonderem Maße für die optische Selbstdarstellung des Königtums und des Hochadels, wie die Kastellburgen der Babenberger im österreichischen Raum (Wiener Hofburg) belegen.

Wehrelemente Wurfschächte, Wurferker, Schießscharten und Zugbrücken wurden um 1180/90 durch die Kreuzzüge in die großen Kreuzfahrernationen Frankreich (Caen, Gisors, Chinon, Montrichard) und England (Chepstow, Dover, Pevensey, Framlington) vermittelt, gelangten dann über die Innovationsroute des Rheins um 1200 nach Mitteleuropa, wo sie bezeichnenderweise zuerst in bedeutenden Städten wie Köln erschienen. Weiter rheinaufwärts zeigte kurz darauf die Kastellburg Lahr, nachweislich 1218 im Bau, Flankierungstürme mit Schießscharten.

Bereits wohl um die Mitte des 12. Jahrhunderts hatte das Fallgitter, dessen Verteidigungswert weniger im Schutz des Tores als im Einpferchen eingedrungener Feinde bestand, seinen Weg in die Burgenarchitektur gefunden.

Vermehrt erschienen Wehrelemente erst in der zweiten Hälfte des 13. Jahrhunderts. Doch erst ab dem frühen 15. Jahrhundert verdichteten sie sich zu jener Wehrfähigkeit, die man fälschlicherweise für Burgen des Hochmittelalters und frühen Spätmittelalters postuliert.

Der Burgenbau im Spätmittelalter (1250–1500)

Wohntürme Die Jahrzehnte zwischen 1330 und 1450, als der Adel Europa mit Hunderten von Wohntürmen überzog, gelten nach der Salierzeit als zweite Blütezeit dieses herausragenden Statussymbols. Wesentliche Impulse für diese Entwicklung lieferten die mächtigen königlichen Wohntürme von Karlstein in Böhmen (1348–57) und Vincennes in Frankreich (1361–68/69) sowie der päpstliche Wohnturm in Avignon (1335–1337), ferner solch eindrucksvolle Turmbauten hochadeliger Geschlechter wie in Penafiel (E), Threave (GB, um 1370), Largoet-en-Elven (F), Hammerhus (DK), Nideggen (1336), Eltville (1337–45), Kriebstein (1380–1400) und Lechenich (alle D). Die Grafen von Schwarzburg statteten in der ersten Hälfte des 14. Jahrhunderts ihre Burgen Saalfeld («Hoher Schwarm»), Schwarzburg und Leutenberg mit großen, fast quadratischen Wohntürmen aus, die

21 – Adelebsen. Virtuelle Rekonstruktion mit dem vollendeten Turm um 1440

zwei schmale runde Ecktürme aufwiesen, errichteten aber auch einige kleine, schmale, kompakte Burgen mit hohen Wohntürmen an einer Schmalseite (Liebenstein, um 1280; Ehrenburg, 1324; Ehrenstein, 1346). Deutschlands mächtigster Wohnturm – ein fünfseitiger, neungeschossiger Koloss von einst 50 Metern Höhe und 240 Quadratmetern Grundfläche bei einer Mauerstärke von 4,50 Metern – steht in Adelebsen (Abb. 21). Seine unteren drei Geschosse entstanden um 1370 und zeigen hochwertige Steinmetzarbeiten in Gestalt von fein behauenen Sandsteinquadern sowie eine aufwendige Innenausstattung mit zwei Sälen, die jeweils zwei Haubenkamine und große Fensterkammern aufwiesen. Der obere Saal, in den sich der obligate Hocheingang öffnete, besaß überdies neben fast sakral anmutenden Maßwerkfenstern einen Aborterker. Als Bauherren zeichnen die edelfreien Herren von Adelebsen, die offenbar ihren im 14. Jahrhundert durch eine geschickte Heirats- und Territorialpolitik erworbenen Reichtum auf spektakuläre Art und Weise mit dem Bau dieses Riesenturms visualisieren wollten. Nach einer wohl den exorbitanten Baukosten geschuldeten Bauunterbrechung von 40 bis 50 Jahren vollendeten sie ihr ehrgeiziges Vorhaben, wenn auch in minderer Qualität. Vieles an diesem Turm spricht für einen bewussten Rückgriff auf die stauferzeitlichen Türme.

Auffälligerweise dominierten nun längsrechteckige Turmbauten zahlenmäßig deutlich gegenüber den quadratischen, von denen nur noch wenige Bauten entstanden (Lichtenstein in Bayern). In Süddeutschland klassifiziert man diese Rechtecktürme als Kemenaten, abgeleitet vom mittellateinischen *caminata* – dem Kamin – als Synonym für ein beheizbares Gebäude, in Norddeutschland dagegen als «Steinwerke», wobei sie dort als Bestandteil eines Gebäudekomplexes verstanden werden (s. Abb. 3).

22 – Weiherhaus. Benedikt Tschachtlan, Berner Chronik 1470

Die gesamte Bandbreite der damaligen Wohnturmarchitektur weist der 1388 unterhalb der Reichsstadt Rothenburg errichtete kleine Wohnturm des Topplerschlösschens auf. Der wasserumwehrte Turmbau besteht aus einem mehrgeschossigen Fachwerkaufbau über einem quadratischen Steinsockel und gilt somit als herausragender Vertreter der Weiherhäuser, die sich vor allem im mittelfränkischen Raum als kleinadelige oder patrizische Sitze damals großer Beliebtheit erfreuten, tatsächlich aber von Österreich bis in die Schweiz anzutreffen waren (Abb. 22). Sein Bauherr Heinrich Toppler, Bürgermeister der Stadt Rothenburg, war ein wohlhabender Bürger, der seine wichtige gesellschaftliche Stellung durch dieses Bauwerk illustrieren wollte. Die nahen Wohntürme in Detwang und Amorbach (sogenanntes Templerhaus) liefern enge Analogien. In den feuchten Niederungen Niedersachsens gelang der modernen Burgenarchäologie der Nachweis hölzerner (Wohn?-)Türme: Erst um 1300 vergrößerte man die Motte von Bernshausen, um auf ihr einen Holzturm zu platzieren, 80 Jahre später errichtete man die Holzburg von Bosse.

Späte Wohnturm-Nachzügler des 15. und 16. Jahrhunderts verteilen sich über ganz Europa: in Großbritannien Raglan (1432–45) und Tattershall (1433–38), in Spanien Fuensaldana, in der Schweiz Vufflens (um 1425), in der Türkei Rumeli Hisar (1452), in Schweden Glimmingehus (1499/1500), in Holland Den Ham (1481–83) und in Ungarn Nagyvaszony (um 1450) sowie Sárospatak (1534), in Deutschland Heimsheim (um 1413/14). Der zwischen 1308 und 1320 begonnene Wohnturm von Lechenich wurde seinen Baudetails zufolge um 1430 zu heutiger Höhe aufgestockt, gehört also sowohl zu den frühen als auch zu den späten Wohntürmen dieser Periode. In Schottland und Irland kulminierte die Wohnturmarchitektur erst im 15. und 16. Jahrhundert (u. a. Blarney, 1446; Bunratty Ende 15. Jh.; Spynie, Anfang 15. Jh.; Elphinstone, um 1440; Borthwick, um 1430).

Feste Häuser Parallel zu den Wohntürmen griff man vereinzelt auf die traditionsreiche Bauform des dreigeschossigen Festen Hauses zurück (Falkenstein im Ostallgäu; Poikam, Madeln [CH] – alle um 1270; Kronest [A], 1330er Jahre).

Schildmauern Dass bauliche Innovationen nicht plötzlich auftreten, sondern vielmehr zumeist ein evolutionäres Produkt präsentieren, beweist das Beispiel der Schildmauerburg. Die Schildmauer wurde für Spornburgen entwickelt, um den fortifikatorischen Nachteil abzumildern, dass sie von der Bergseite überragt wurden: Man stellte der Bergseite einen extrem massiven, wuchtigen, hohen Baukörper entgegen, der wie ein Schild die restlichen Burgbauten beschirmte. Dabei wird die Schildmauer stets von einem direkt vorgelagerten mächtigen Halsgraben begleitet – einem Graben, der nur die ungeschützten Seiten der Anlage sichert. Generell wird dieser Burgentyp mit dem Aufkommen der großen Wurfmaschinen wie den Bliden ab 1200 in Verbindung gebracht. Doch diese riesigen Wurfmaschinen waren sehr kompliziert und teuer in der Herstellung, zudem nur mit enormem Aufwand zu transportieren. Vielmehr dürften wesentlich kleinere Bliden und Katapulte, die man auch in der zeitgenössischen Ikonographie häufig antrifft, des Öfteren zum Einsatz gekommen sein. Dies lässt darauf schließen, dass auch die Schildmauer als modisches Statussymbol und apotropäisches Bauelement zu deuten ist, das für die Burginsassen ein psychologisch wichtiges Schutzelement bedeutete.

Salierzeitliche Spornburgen mit nur leicht verstärkten Front-

23 – Alt-Trauchburg. Virtuelle Rekonstruktion von Nordosten um 1320, mit der zweiten Schildmauer zum Tal hin (rechts)

mauern wie Frohburg, Ödenburg, Alt-Homberg (alle CH), Hammerstein und Steinenschloss stehen am Anfang dieser Entwicklung, die sich über Warthenfels im Elsass (Mitte 12. Jh.) im ausgehenden 12. Jahrhundert u. a. mit Wildenberg in Bayern, Alt-Wartburg (CH), Lützelburg (Elsass) zunehmend verdichtet. Die Blütezeit der Schildmauerburgen, die sich im südwestdeutschen Raum deutlich häufen, fällt in die Zeit zwischen 1250 und 1350, als beachtliche Mauerstärken von bis zu 5 Metern und alle nur denkbaren Konzeptionsvarianten auftreten: lange (Lichtenfels, Krähendeck, Amlishagen) oder kurze (Eberbach, Pernegg [A]) Baukörper, gelegentlich mit Türmen (Freienfels, Liebenzell, Gräfenstein), nur ausnahmsweise mit Öffnungen wie Schießkammern. Die Schildmauern von Ehrenfels, Greifenstein und Reichenberg werden von Rundtürmen begrenzt, jene von Berneck, Ehrenfels in Hessen und Schadeck in Baden-Württemberg von kleinen Kampfhäuschen bzw. Erkern an beiden Enden des Wehrgangs.

Die Statustauglichkeit der Schildmauer illustrieren Burgen mit zwei Schildmauern (Alt-Trauchburg, Abb. 23; Dagstuhl; Adelebsen; alle um 1300), bei denen sich die zweite Schildmauer als Schauseite dem Betrachter zuwandte.

Mantelmauern Einen besonderen Burgentyp repräsentiert die Mantelmauerburg, deren Ringmauer man so hoch ausführte, dass sie sich wie ein Mantel um alle Baulichkeiten der Kernburg legte. Während die meisten Mantelmauerburgen (Leuchtenburg in Südtirol, Dilsberg, Eisenberg) erst in den Jahrzehnten um 1300 entstanden, darf man die um 1230/40 errichtete Cadolzburg mit ihrer 20 Meter hohen Ringmauer durchaus als frühe Mantelmauerburg klassifizieren. Bei der 1260/65 errichteten Ortenburg wurde die polygonale Mantelmauer ausschließlich auf die Gefahrenseite reduziert (Abb. 24). Dies war auch bei der mehrfach gewinkelten, mit zahlreichen Schießkammern durchsetzten Mantelmauer der Schönburg am Mittelrhein der Fall, die als eine Art Vorwerk den bergseitigen Zugang sicherte. Bezeichnenderweise trägt sie im Volksmund den Namen «Hoher Mantel» und dürfte bald nach 1300 entstanden sein. Es bleibt allerdings darauf hinzuweisen, dass das Spätmittelalter die Termini «Schildmauerburg» und «Mantelmauerburg» nicht kannte.

Artilleriebefestigungen Bedingt durch die zunehmende Effizienz der Feuerwaffen nahm die Wehrhaftigkeit im mitteleuropäischen Burgenbau seit dem frühen 15. Jahrhundert unverkennbar zu. Erneut beeinflussten die wohlhabenden Städte mit ihren modern und reich bestückten Zeughäusern diese Entwicklung maßgeblich, nicht zuletzt indem sie – wie Landsberg am Lech – ihre Stadtmauern modernisierten. Die böhmische Hochburg der militanten Hussitenbewegung, die Stadt Tábor, erfuhr vor 1433 eine Neubefestigung durch Batterietürme und Rondelle mit Schießscharten speziell für Feuerwaffen. Ähnliches geschah kurz danach auf der Burg Querfurt, die wuchtige Rondelle mit Geschützscharten erhielt. Im Osten des Deutschen Reichs, das der Hussitenbedrohung in besonderem Maße ausgesetzt war, verstärkte man zahlreiche Burgen durch umlaufende, turmflankierte Zwinger (Coburg, Altenstein, Raueneck, Königsberg), starke Torwerke (Altenstein) und Torvorwerke (Bramberg, Giechburg). Merkmal dieser Befestigungsbauten waren Schießscharten mit geweiteten, abgesenkten Füßen. Weitere imposante Beispiele bilden Cadolzburg und Harburg, Kaltenstein, Steinsberg und Hohenrechberg. Den Halsgraben der Burg Kollenberg sicherte um 1430 eine den Graben kreuzende Kaponniere (Grabenwehr) mit Schlüsselscharten für Hakenbüchsen. Die um

24 – Ortenberg. Virtuelle Rekonstruktion der Frontseite mit der Mantelmauer um 1270

1430 errichtete Spornburg Schmachtenberg (Abb. 25), deren Zwinger ihr eine kastellartige Grundgestalt verlieh, stellt sogar einen vollständigen Neubau dar, der seine Entstehung nicht nur der Hussitenbedrohung, sondern auch dem damals aufbrechenden Konflikt zwischen den beiden Bistümern Bamberg und Würzburg verdankt. Neben Städten, Märkten und Burgen befestigte man auch Kirchen und Kirchhöfe. Der doppelte Mauerring um die Kirche St. Michael in Ostheim entstand nachweislich zwischen 1418 und 1436 und wurde durch vier hohe Ecktürme von unterschiedlicher Gestalt bewehrt.

Die Schießscharten verteilten sich bei diesen frühen Burgen auf die Wehrgänge der Ringmauerabschnitte bzw. Kurtinen, während die Türme mehrere Wehrniveaus aufnahmen. Hinsichtlich der Schießscharten zeichnete sich das 15. Jahrhundert durch eine extreme Vielfalt an Schartenvariationen aus, wobei man die Burg Taufers in Südtirol 1474/76 als eine Art versteinerten Schießschartenkatalog mit allen nur erdenklichen Formen ausstattete. Gegen Ende des 15. Jahrhunderts kristallisieren sich dann aber immer mehr die Schlüsselscharte (tatsächlich ein kopfstehendes Schlüsselloch) und insbesondere die Maulscharte, die sich sogar noch im modernen Festungsbau wiederfindet, als Hauptformen heraus.

25 – Schmachtenberg. Virtuelle Rekonstruktion von Nordosten um 1530

Um dem fortwährend effizienter werdenden Geschützfeuer widerstehen zu können, mussten die hochaufragenden Flankierungstürme in der zweiten Hälfte des 15. Jahrhunderts sowohl ihre Mauermassen stetig verstärken als auch dem Beschuss immer weniger Angriffsfläche bieten. Dies führte schließlich in den Jahrzehnten um 1500 zu gedrungenen und wuchtigen Batterietürmen bzw. Rondellen, dann ab 1530 vermehrt zu Bastionen, deren gewaltige Mauerstärken beschusssichere Kammern mit Geschützständen und Laufgängen (Kasematten) aufzunehmen vermochten. Kraftvolle Halb- und Viertelrundbastionen am Hohentwiel, auf Hohenneuffen, Herzberg, Hardenberg, Wertheim, Freudenberg, Breuberg, Plassenburg, Heidelberg, Friedewald, Sparrenburg, Ziegenhain, Hohensalzburg und Hohenwerfen (beide A), Sigmundskron und Beseno (beide Südtirol) belegen diese Entwicklung eindrucksvoll. Mitunter musste ein isolierter Batterieturm das bedrohte Außengelände der Burg («Eggersberger Turm», Burghausen; «Kleinfrankreich», Berwartstein; Lichtenberg in Hessen), gelegentlich auch das nähere Vorfeld (Breuberg, Hornberg) sichern. Mitunter stellte man der Beschussseite einen schildmauerartigen Gebäuderiegel entgegen (Burghausen, Plassenburg, Wildenstein in Baden-Württemberg, Hardenburg, Neu-Scharfeneck, Hohkönigsburg im Elsass) oder versah die Hauptburg mit einem runden Artilleriedonjon (Kufstein, Laubenbergerstein).

Besondere fortschrittliche Verteidigungswerke finden sich in jenen wohlhabenden Städten, die sich kompetente, mit der modernsten Wehrarchitektur vertraute Baumeister leisten konnten. In Nürnberg beispielsweise wirkte ab 1538 der italienische Militäringenieur Antonio Fazzuni. Diese Fachleute übernahmen die um 1500 im italienischen Festungsbau entwickelten polygonalen Bastionen, meist von fünfeckiger Gestalt mit stark geschrägten Außenwänden und Erdhinterfüllung, die sich hinter extrem breiten Gräben ins Gelände duckten und auf mehreren Ebenen Geschütze aufnahmen. Bevorzugt wurden nun klare symmetrische Konzeptionen, was schließlich seit der Mitte des 16. Jahrhunderts zum Bau von quadratischen Zitadellen mit Eckbastionen (Jülich, 1549; Spandau, 1560), später dann zu sternförmigen Festungswerken führte. Die Kleinfestung Lichtenau, seit 1558 von der Reichsstadt Nürnberg als westliches Bollwerk errichtet, zeigt all diese frühen Merkmale, ist aber von pentagonaler Grundform. Während sich der Großteil der Städte und Burgherren diese enorm teuren Bastionärsysteme nicht leisten konnte, bauten die Landesfürsten etliche ihrer Burgen, Burgschlösser und Städte zu Festungen aus (Kleve, Jever, Sparrenburg, Plassenburg, Kronach, Forchheim, Dörnitz, Rheinfels, Moers, Orsoy, Rees, Wesel, Köln, München, Augsburg etc.), wobei diese Festungswerke immer wieder modernisiert wurden.

Diese Entwicklung soll hier nicht weiter verfolgt und vertieft werden. Sie zeigt aber, dass seit der Mitte des 16. Jahrhunderts ein Prozess einsetzte, in dessen Verlauf der zeitgemäße Wehrbau vom Großteil der Burgen abgekoppelt wurde, deren Wehreinrichtungen man nur noch marginal und eher zeichenhaft aufzurüsten vermochte. Dies führte im Laufe des 17. Jahrhunderts vielerorts zum Verzicht auf diese Form der Wehrhaftigkeit und zur Akzentuierung jener repräsentativen Architektur, die man heutzutage als Schlossarchitektur definiert. Es lässt sich jedoch nicht leugnen, dass sehr viele Schlösser nicht völlig auf die Wehrhaftigkeit verzichteten und einen geringen Grad an Verteidigungsfähigkeit zu wahren suchten. Neben die nur leicht befestigten und unbefestigten Schlösser traten zahlreiche Schlösser, die den Nukleus starker Festungen bildeten (Plassenburg, Kronach, Ziegenhain, Spandau, Jülich, Mansfeld, Heldrungen).

7. Das Nachleben der Burg

Die Rezeption der Burg im 18. und 19. Jahrhundert beruhte auf einem jahrhundertelangen Entwicklungsprozess, der bis ins Spätmittelalter zurückreicht.

Die Rezeption der Burg im Mittelalter

Die Theologie setzte die Burg aufgrund ihrer Wehrhaftigkeit mit dem Schutz Gottes gleich. Gott in seiner «mächtigen Feste» (Psalmen 150,1) wurde «für den Bedrückten zur Burg in Zeiten der Not» (Psalmen 9,10) oder zum «schützenden Fels, zur festen Burg» (Psalmen 31,3). So verwundert nicht, dass man die Kirche mitunter, wie im Rupertsberger Codex von 1175, als einen gut gemauerten, zinnenbekrönten Turm darstellte, der zwar wankte, aber nicht einstürzte.

Selbst das Himmlische Jerusalem, die auf die Erde herabkommende Stadt der Verheißung, wurde im Neuen Testament (Apokalypse, Offenbarung des Johannes, Kap. 21) als mit starken Mauern, Türmen und Zinnen bewehrt beschrieben. Folglich zeigte der in den 1380er Jahren in Angers gewirkte Bildteppich der Apokalypse das Himmlische Jerusalem als stolze Burg. Nachweislich stattete die reichste und bedeutendste Stadt des deutschen Mittelalters, Köln, um 1200 ihre neue Stadtmauer, wie bereits erwähnt, mit zwölf großen Doppelturmtoren aus, um als irdischer Nachbau des Himmlischen Jerusalems ihre herausragende politische, wirtschaftliche und gesellschaftliche Position zu illustrieren. Der Hinweis, dass die «auf den festen Felsen des Glaubens» gegründeten Türme des Himmlischen Jerusalems «Tugenden beherbergen», führt hin zu den «Tugendburgen» (*vesten der tugenden)* der höfisch orientierten Ikonographie des 14. und 15. Jahrhunderts, in der die Burg von den personifizierten Tugenden – Glaube, Liebe, Hoffnung, Keuschheit, Treue, Mäßigkeit – gegen die anstürmenden Untugenden – Unglaube,

Hass (Zorn), Geschwätzigkeit, Zügellosigkeit, Machtgier und Selbstsucht – verteidigt wird. Davon künden mehrere wunderbar gewirkte Bildteppiche.

Von den Tugendburgen, vor der oft die Minne Gericht sitzt, gelangt man rasch zu den sogenannten Minneburgen, die auf großen mittelalterlichen Festen wie 1214 in Treviso aus vergänglichen Materialien wie Holz aufgeschlagen wurden und sich folglich nur auf Miniaturen und Spiegelkapseln wiederfinden. In diesen Holzbauten verschanzten sich zur Ergötzung der Festgäste adelige Jungfrauen, bewaffnet mit Blumen, Obst und Törtchen, um sich halb- und vollherzig zugleich ihrer leidenschaftlich angreifenden Freier zu erwehren, die ausgestattet mit harmlosen Waffenimitaten die Burgmauern stürmten. Hier stand die Burg für die ehrbare Standhaftigkeit der Frau, die tapfer ihre Keuschheit und Reinheit verteidigte und mühsam erobert werden musste. Diese Symbolsprache griff Giotto 1316/19 auf, als er ein Feld des Vierungsgewölbes der Unterkirche des Doms San Francesco zu Assisi mit dem gut geschützten, zinnenreichen Kastell der Keuschheit verzierte. Eine Miniatur im 1490 in Brügge geschaffenen *Roman de la Rose* zeigt die Eifersucht (*jalousie*) als doppelt umwehrte Donjon-Burg.

Es bleibt festzuhalten, dass die Burg in der Geisteswelt des Mittelalters als ein Ort des Schutzes rezipiert wurde. Die schützende Burg gewährte zudem Frieden, war sie doch auch ein juristisches Element zur Befriedung der Landschaft. Gibt die spätmittelalterliche Ikonographie friedvolle Tätigkeiten wie das Treiben im Liebesgarten, höfische Spiele im Freien, Sport-, Jagd- und Badevergnügungen oder das Training von Artistengruppen wieder, so sichern stets mehrere Burgen diese Szenerien.

Für die Visualisierung von Macht eignete sich indes kaum ein anderes Bauwerk besser als die machtvoll in den Himmel strebende Burg auf hohem Fels, vor allem, wenn sie auch noch hohe Türme besaß. Erst in den 1410er Jahren erbaute Burgen wie Hohenfreyberg oder Ludwigstein, beide mit einem hochaufragenden Bergfried versehen, rezipierten bewusst staufische Bauformen und stellten in der Zeit früher Artilleriebefestigungen echte Anachronismen dar. Sie stehen für eine bauliche Rückbesinnung auf die Blütezeit des Rittertums und Burgenbaus noch während des Mittelalters.

Die Rezeption der Burgenarchitektur im 15. und 16. Jahrhundert beschränkte sich allerdings nicht nur auf deren Dimensionen, sondern umfasste auch die Attribute der Wehrhaftigkeit, wovon unbegehbare Zinnenkränze und kaum nutzbare Schießscharten beredtes Zeugnis ablegen. Adelige Realien wie Wandschränke, Trinkpokale, Ofenkranzkacheln und sogar Blumentöpfe erhielten im 15. und 16. Jahrhundert plötzlich Zinnen, Ofenkacheln, Trinkpokaldeckel und Schornsteinhauben sogar Schießscharten. Auch die Wiederbelebung des Buckelquadermauerwerks seit dem frühen 15. Jahrhundert dürfte mit dem letzten großen Aufbäumen der Ritterschaft im Angesicht des bevorstehenden Untergangs zusammenhängen, als man sich auf die Stauferzeit zurückbesann, um nochmals Stärke und Macht zu demonstrieren.

Die Rezeption der Burg vom 17. bis zum 19. Jahrhundert

Der Mensch des 17. und 18. Jahrhunderts vermochte diese komplexen Zusammenhänge freilich nicht zu durchschauen. Geprägt vom nüchternen Geist der Aufklärung, dem extremen Bürokratismus eines aufgeblähten Beamtenstaates und dem dichten Kontrollnetz eines Polizeistaates, war die Welt keineswegs mehr ein geheimnisvoller Ort gottgegebener Mystik, sondern vielmehr die gigantische Bühne des Triumphs des alles durchdringenden menschlichen Geistes. Nicht Gott schuf und formte länger, sondern der Mensch. Die verzweifelte Suche nach einer Alternative zu diesem spröden und belastenden Alltag mündete für viele Zeitgenossen in der Entdeckung des ohnehin omnipräsenten Mittelalters, dessen Romane um König Artus, die Ritter der Tafelrunde, die Gralssuche, den Nibelungenschatz und die Hunnenkriege hinreichend Abenteuerpotential boten, um sich eine ortsnahe, aber dennoch aufregende Zufluchtswelt ausmalen zu können. Richard Wagners Opern «Lohengrin» (1850), «Tannhäuser» (1845), «Tristan und Isolde» (1865), «Der Ring des Nibelungen» (1869), «Siegfried» (1876) und «Parsifal» (1880) sowie die frühen Ritterromane «Ritter Toggenburg» von Friedrich Schiller (1797/98), «Ivanhoe» von Sir Walter Scott (1827), «Lichtenstein» von Wilhelm Hauff (1826) und «Götz von Berlichingen» von Johann Wolfgang von Goethe (1773/1832) griffen diese Tendenzen auf und lösten somit nicht nur einen regelrechten «Mittelalter-Boom» aus, sondern schufen überdies die erste umfassende «Reenactment-Szene» Europas. Überall warfen sich sowohl Adelige als auch Bürger in Rüstungen und spielten die großen Heldenepen nach. Als Idealkulisse entwarf man ein martialisches, finsteres Mittelalter, auf dem sich die Akteure als tapfere Helden inszenieren konnten. Die Burg verkam zum einschüchternden, permanent umkämpften Kriegsinstrument, ausgestattet mit Gusserkern, Pechnasen, Geheimgängen, Folterkammern und Verliesen.

Irrtümlich zum altdeutschen Baustil deklariert, aktivierte man ironischerweise ausgerechnet die vom Erzfeind Frankreich geschaffene Gotik als verbindlichen Baustil. Während der preußische Adel das Rheintal ab 1823 mit neogotischen Burgumbauten und -neubauten überzog (Rheinstein, Stolzenfels, Sooneck), verwandelte ein Bürgerverein von 1887 an die traurige Ruine des Schlosses Burg an der Wupper in einen prachtvollen Neubau und errichteten sich reiche Industrielle prachtvolle Burgschlösser wie Reichenstein und die Drachenburg am Rhein oder Sinzig.

Der belesene König Ludwig II. von Bayern erblickte dagegen in der Romanik den deutschen bzw. fränkischen «Urstil» und verpasste dem Bauprojekt seiner Gralsburg «Neues Schloss Hohenschwangau» (später in Neuschwanstein umbenannt) 1868 strikt romanische Bauformen. Seinem Freund Richard Wagner schrieb er in diesem Jahr, er plane den Bau einer Burg *im echten Styl der alten deutschen Ritterburgen.* Dass er zu diesem Zweck die mächtige, aber klobige und massige, graue Ruine der ins frühe 12. Jahrhundert zurückreichenden Doppelburg Vorder- und Hinterhohenschwangau komplett wegsprengte, um sie durch seine «echte» Burg zu ersetzen, zeigt, wie weit man sich im 19. Jahrhundert von der historischen Realität entfernt hatte. In Verbindung mit diesem Schriftstück ist Neuschwanstein wohl die genialste Schöpfung der Burgenrezeption des 19. Jahrhunderts.

8. Die Burg als lebendiges Denkmal?

Das Mittelalter wuchs seit den 1980er Jahren über Megaseller wie Umberto Ecos «Im Namen der Rose» (1980/82), Noah Gordons «Der Medicus» (1987) und Ken Folletts «Säulen der Erde» (1989), begleitet von deren erfolgreichen Verfilmungen sowie Fantasyfilmen wie John Boormans «Excalibur» (1981) zu einer gewichtigen Tourismusbranche, belebt durch eine unüberschaubare Reenactment-Szene, begleitet von einer millionenschweren Zubehörindustrie – und einem rapiden Verlust an historischer Authentizität. Inszeniert und transportiert wird auf den Ritterspielen und Mittelalterfesten mittlerweile wieder das aktionsträchtige, daher für die Zuschauer und Teilnehmer spannende Klischee des finsteren, kriegerischen und blutrünstigen Mittelalters. Auch der Mensch des 21. Jahrhunderts muss sich in einer schwierigen Umwelt zurechtfinden, die von einer sich rasant entwickelnden Technologie, von einer unüberschaubaren Vielzahl an Medien, von ausuferndem Bürokratismus, von Rationalismus, Kurzlebigkeit, Hektik und Katastrophennachrichten beherrscht wird. Überdies hat sich zwischen die Natur und die konservativen Medien eine komplexe virtuelle Zwischenwelt geschoben, die mehr und mehr einen bizarren, neuen Lebensraum definiert. Und wieder suchen Menschenmassen Zuflucht in der attraktiven Alternativwelt eines wild-imaginierten Mittelalters.

Eine weitere Parallele zum 19. Jahrhundert besteht darin, dass man die Burgen – diesmal aus kommerziellen Gründen – dem neuen Trend anpasst, mit reißerischen Produktnamen wie «Abenteuerburg», «Burgabenteuer», «Burgerlebnis», «Erlebnisburg», «Eventburg» und «Burgevent» belegt und mit fantasievollen Kriegselementen bereichert, die einem martialischen Mittelalterbild gerecht werden.

Allein dies zeigt, wie schwierig der korrekte Umgang mit Burgen inzwischen geworden ist, zumal diese in unterschiedlichen Erhaltungszuständen auf uns gekommen sind: manche als Ruinen, manche als Teilruinen, manche als intakte Bauwerke mit viel Originalsubstanz, manche weitgehend als Rekonstruktionen oder gar als Neubauten. Bevor bundesweit von den 1980er Jahren an die Denkmalschutzgesetze in der Breite griffen und die staatlichen Behörden allmählich zu einem sensiblen Umgang mit den Burgen fanden, hatten mehrere Restaurierungs- und Sanierungsphasen die deutsche Burgenlandschaft stark lädiert. Ungeachtet einiger früher Versuche aktiven Denkmalschutzes wie unter König Ludwig I. von Bayern (1825–1848) stellte sich dem neogotischen und neoromanischen Um- und Ausbauprogramm von Burgen lange Zeit nichts und niemand in den Weg. Zuerst schwappte der Romantische Historismus (1820–1850) mit Kreationen wie Wartburg, Hohenschwangau, Anif oder Lichtenstein in Baden-Württemberg, dann der Heroische Historismus zwischen 1850 und 1880 mit Burgneubauten wie dem Hohenzollern-Schloss oder Schloss Tirol und schließlich der Späthistorismus (1880–1914) mit Schöpfungen wie Kreutzenstein (A), Hohkönigsburg (F), Vaduz (LI) über die mitteleuropäische Burgenlandschaft. Es dauerte bis in die Zeit um 1900, als im Hinblick auf die Hohkönigsburg im Elsass und das Heidelberger Schloss erstmals kontroverse Fachdiskussionen über den sachgerechten Umgang mit Burgruinen einsetzten. Wie der von Kaiser Wilhelm II. forcierte Wiederaufbau der Hohkönigsburg durch Bodo Ebhardt zeigte, setzten sich die politischen Führungseliten grundsätzlich dann über solche Grundsatzfragen rigoros hinweg, wenn der Ausbau von Burgen als Rückgriff auf das Heilige Römische Reich deutscher Nation Macht und Größe visualisieren sollte. Insbesondere das nationalsozialistische Regime bediente sich monumentaler Burgenarchitekturen beim Bau seiner SS-Ordensburgen Vogelsang und Sonthofen oder der «Laborburg» Feuerstein. Es überformte aber auch historische Bauwerke, wenn diese – wie der Trifels – sich aufgrund ihrer Geschichte und Gestalt in besonderer Weise zur Reichsinszenierung anboten. Die bedeutende Reichsburg, einst der Ort, wo die Reichskleinodien aufbewahrt wurden, aber auch der englische König Richard Löwenherz festgehalten wurde, mutierte unter dem Architekten Rudolf Esterer in den Jahren

1938/42 zu einem bombastischen Monumentalbau vermeintlich altdeutscher Glorie. Großfabriken im Burgenstil wie die Borsigwerke in Berlin-Tegel verdeutlichten damals den Arbeitern tagtäglich ihren niedrigen Gesellschaftsstand. Wohl auch einen erzieherisch-pädagogischen Wert sollten die vielen Burgen erfüllen, die zu Jugendherbergen ausgebaut wurden.

1964 trafen sich die führenden Denkmalpfleger Europas in Venedig, um eine gemeinverbindliche Richtlinie zum Schutz von Denkmälern zu erarbeiten: die sogenannte Charta von Venedig. Obwohl sie als oberstes Ziel die Konservierung der Denkmäler ohne bestandsverändernde Eingriffe forderte, enthielt § 5 einen Passus, der ungewollt zum Untergang zahlloser Burgen führte. Darin war niedergelegt, dass die Erhaltung der Denkmäler stets durch eine für die Gesellschaft nützliche Funktion begünstigt werde, wobei diese Nutzung aber weder Gestalt noch Struktur verändern dürfe; sollte eine sinnvolle Nutzung aber bauliche Eingriffe erfordern, so wären die dafür erforderlichen Eingriffe durch unterschiedliche Materialien kenntlich zu machen und dem Ganzen harmonisch anzupassen. In der Folge unterwarf man quer durch Europa Hunderte von Burgen einer «sinnvollen Funktion», indem man sie zu Kongresszentren, Hotels, Restaurants, Museen, Ferienappartements, Künstlerateliers und Rathäusern ausbaute. In Denkmalpflege investierte Geldmittel mussten sich zumindest amortisieren, weshalb kommerzielle Interessen in den Vordergrund rückten. Die Forderung der Charta, moderne Kontrastmaterialien einzubringen und zugleich harmonische Gesamtarchitekturen zu schaffen, brachte nicht nur Sichtbeton, Stahl, Glas und Klinker in die Burgen, sondern bot Architekten die Chance, sich durch spektakuläre, mitunter futuristische Planungen zu profilieren. Dabei übersah man, dass sich die modernen Zubauten materialtechnisch oft nicht mit dem historischen Mauerwerk vertrugen und in der Regel undokumentierte Zerstörungen verursachten: Jede intensive Neunutzung eines historischen Gebäudes führt zwangsweise zu erheblichen Substanzverlusten. Die Revitalisierung einer Burg oder Burgruine im Rahmen einer Neunutzung resultiert folglich sowohl im Erhalt als auch in der Zerstörung des

Objekts – ein Dilemma des Gewichtens, bei dem jeder Denkmalschützer individuell abwägen muss, was schwerer wiegt.

Leider übertrug man den Paragraphen 5 der Charta von Venedig auch auf Sanierungs- bzw. Sicherungsarbeiten an Burgruinen und kennzeichnete die Sanierungseingriffe durch moderne Kontrastmaterialien, was den optischen Eindruck mitunter katastrophal beeinträchtigte. Fehlende Sensibilität gegenüber dem Altbestand hinterließ nicht selten sterile, flachgestutzte Burgruinen im bläulich leuchtenden Farbton des Industriezements, der – da viel zu hart – mittlerweile Schäden an der Originalsubstanz verursacht hat.

Den entgegengesetzten Weg beschritt man 1986 bis 2006 im Umgang mit der Burgruine Hohenfreyberg, die zweifelsohne zu den malerischsten Burgruinen Europas zählt. Im Zuge einer sorgfältigen Bauaufnahme und bauhistorischen Untersuchung wurde ein behutsames Sanierungskonzept erarbeitet, das in eine Konservierung des Bestands mündete. Alle nötigen baulichen Eingriffe erfolgten in behutsamer Anpassung an den Originalbestand, wurden jedoch auch sauber dokumentiert, um sie den Besuchern vor Ort zu erläutern. Das Resultat ist eine gesicherte Burgruine, die nicht nur alle ihre Baunähte, sondern auch ihr außergewöhnlich reizvolles Ruinenflair bewahrt hat.

Solch eine Sanierung kann nur gelingen, wenn sich die Burgsanierer zurückhalten und so wenig wie möglich mit eigenen Werken am Bau in Erscheinung treten.

Das Beispiel Hohenfreyberg zeigt überdies, dass Burgruinen einen so hohen burgenkundlichen Eigenwert besitzen können, dass man sie nicht mit Fremdattraktionen füllen muss.

Während der letzten beiden Jahrzehnte ist jedoch der emotionale Aspekt der Burgruinensicherung – die Erlebbarkeit einer sanierten Burgruine – leider völlig von den Fachdiskussionen um sanierungstechnische Belange in den Hintergrund gedrängt worden – nicht zuletzt im Hinblick auf die fortwährend steigenden Ansprüche an Statik und Materialien. Diese Tendenz nimmt gegenwärtig sogar noch zu. Doch solch sterile Burgruinen, die man gleichsam zu Tode saniert, sollten künftig nicht zum Maßstab einer erfolgreichen Denkmalpflege werden.

9. Statt eines Nachworts: Die zwölf schlimmsten Irrtümer über Burgen

Nr. 1: Die Burg diente zum Krieg und war daher ständig umkämpft. Falsch: Diese unsinnige Behauptung fußt auf der Vorstellung des 18. Jh.s, das Mittelalter sei eine finstere, blutrünstige Epoche gewesen. Ganz im Gegenteil diente die Burg der Befriedung und Verwaltung eines Territoriums. Dementsprechend verstand das Hochmittelalter die Burg als Friedenssymbol. Zwischen dem 11. und 14. Jahrhundert wurden Burgen nur selten belagert.

Nr. 2: Die Burgen wurden dort erbaut, wo sie am besten zu verteidigen waren. Falsch: Die meisten Burgen in hügeligen oder gebirgigen Gebieten waren Spornburgen und wurden mithin an der dem Berg zugewandten Seite vom umgebenden Gelände überragt. Es waren mithin nicht stets verteidigungstechnische, sondern vielfach verkehrs- und wirtschaftsstrategische Aspekte, die die Wahl des Burgenbauplatzes beeinflussten.

Nr. 3: Die Motten bzw. «Turmhügelburgen» sind die Vorläufer der Steinburgen. Falsch: Im 11. und 12. Jahrhundert werden Motten und Steinburgen gleichzeitig errichtet. Allerdings konnten sich nur die großen, finanzstarken Adelsgeschlechter den Bau gemörtelter Burgen leisten. Holzburgen wurden noch im 14. Jahrhundert errichtet.

Nr. 4: Wurde eine Burg belagert, wehrten sich die Verteidiger mit heißem Pech, siedendem Öl oder kochendem Wasser. Falsch: Das ist eine fantasievolle Erfindung des 19. Jahrhunderts. Tatsächlich war die Hauptverteidigungswaffe neben den Fernwaffen Bogen und Armbrust der Stein, den man auf den vordringenden Feind schleuderte. Dies änderte sich noch nicht einmal, als bereits die Feuerwaffen aufkamen.

Nr. 5: Das Burgtor als Schwachpunkt der Burg musste besonders stark geschützt werden. Falsch: Dieser Irrtum resultiert seinerseits aus Irrtum Nr. 1. Tatsächlich sieht man selbst noch an Burgen aus dem 14. Jahrhundert etliche sehr dekorative, jedoch wenig wehrhafte Tore. Das Portal diente vor allem der Prachtentfaltung und sollte den Betrachter beeindrucken. Tatsächlich wurden Burgtore erst im 15. und 16. Jh. stark befestigt, als die technische Weiterentwicklung der Feuerwaffen dazu zwang.

Nr. 6: Der Zugang zur Burg wurde so angelegt, dass der Angreifer der Burg stets seine ungeschützte Seite zuwenden musste. Die Wendeltreppen in den Türmen waren so gebaut, dass der Angreifer seinen Schwertarm nicht richtig einsetzen konnte. Falsch: Auch diese Fehleinschätzung resultiert aus Irrtum Nr. 1. Unberücksichtigt bleibt dabei beispielsweise, dass es im Mittelalter ungleich mehr Linkshänder gab als heute. Auch finden sich zahlreiche Beispiele von Zugängen zu Burgen, auf die diese Behauptung nicht zutrifft.

Nr. 7: Der Bergfried ist der letzte Zufluchtsort im Eroberungsfall und ein wichtiger Verteidigungsbau. Falsch: Eine weitere Folge aus Irrtum Nr. 1! Die meisten Bergfriede waren nur notdürftig zu verteidigen, gleichwohl war die Bauausführung exzellent. Bergfriede waren sichere Plätze, um Pretiosen aufzubewahren, dienten aber auch als Ausluge für Türmer; nicht zuletzt stellten sie Statussymbole dar.

Nr. 8: Auf jeder Burg gab es Folterkammern, in jedem Bergfried ein Verlies. Falsch: Es gibt nur ganz wenige Bergfriede, in deren Sockel sich Verliese nachweisen lassen, die bereits bei der Errichtung eingebaut worden sind. Dies gilt ebenso für Folterkammern, die gemeinsam mit den Verliesen erst im Laufe der Inquisition (15.–17. Jh.) in Burgen und Stadtmauertürmen angelegt wurden.

Nr. 9: Jede Burg hatte einen Geheimgang und eine Schatzkammer. Falsch: Es gibt in Deutschland allenfalls ein Dutzend Burgen mit sehr kurzen Geheimgängen (Fluchtstollen). Die wenigen längeren «Geheimgänge» stellten entweder Belagerungsstollen, Gegenstollen oder Wasserstollen dar. Schatzkammern finden sich allenfalls auf den großen Burganlagen der Landesherren, während in kleineren Burgen oft gewölbte Räume oder Bergfriede als Aufbewahrungsort von Pretiosen dienten.

Nr. 10: Burgen wurden mit dem Blut und Schweiß der Untertanen erbaut. Falsch: Fron-, Spann- und Handdienste der Untertanen, zumeist der Bauern, waren in der Regel terminlich und inhaltlich genau geregelt. Saat- und Erntezeiten waren dabei ausgenommen. Das lag nicht zuletzt im Interesse des Burgherrn, der an den Erträgen seiner Untertanen partizipierte.

Nr. 11: Ritter waren sittenlose, ungebildete, sauflustige und streitsüchtige Rüpel. Falsch: Auch Adelige bzw. Ritter strebten ein Bildungsideal an, zu dem es gehörte, dass sie Schreiben und Rechnen konnten; gleichwohl überließen sie diese «Sekundärtugenden» gern ihren gebildeteren Frauen. Der ritterliche Alltag bestand jedenfalls mitnichten nur aus Kampf, Zank und Streit, sondern umfasste zahlreiche Verwaltungsaufgaben.

Nr. 12: Ritter waren Raubritter. Falsch: Das Raubrittertum ist lediglich ein Symptom des Niedergangs des Rittertums und trat vermehrt gegen Ende des Mittelalters auf (15./16. Jh.), als die Ritter infolge der Strukturveränderungen in Wirtschaft, Politik und Militär und überdies geschwächt durch die Katastrophen des 14. Jh.s zunehmend verarmten.

Bildnachweis

Abb. 1: © dpa/Picture alliance/landov/Nicholas Lisi | Abb. 2, 4, 22: Bildarchiv Büro für Burgenforschung Dr. Zeune | Abb. 3: ReUnion / Ostfriesische Landschaft 2011 | Abb. 5, 9, 17: Büro für Burgenforschung Dr. Zeune (BfB) | Abb. 6: Hans-Wilhelm Heine: Mittelalterliche Burgen in Niedersachsen und seinen Nachbarregionen. In: Château Gaillard 23. Caen 2008 | Abb. 7: Rudolf von Ems: Weltchronik. 1340; Umzeichnung BfB | Abb. 8, 13, 21, 23, 25: ReUnion Media / BfB | Abb. 10: Glasplattenfotografie Anton Fahs; Sammlung Elfriede Kurz | Abb. 11: Hans-Wilhelm Heine: Frühe Burgen und Pfalzen in Niedersachsen. Hildesheim 1991 | Abb. 12: Felix Biermann: Burg und Herrschaft bei den nördlichen Westslawen. In: Ulrich G. Großmann, Hans Ottomeyer (Hg.): Die Burg. Dresden – Nürnberg 2010 | Abb. 14: Codex Falkensteinensis | Abb. 15: Alfred Herrnbrodt: Der Husterknupp. Köln – Graz 1958 | Abb. 16: Konrad Kyeser: Bellifortis. Umzeichnung BfB. | Abb. 18: Walter Hotz: Pfalzen und Burgen der Stauferzeit. Darmstadt [3]1992 | Abb. 19: BfB / Uwe Gaasch | Abb. 20: Karl List, Philipp Brucker: Wasserburg Lahr. Lahr 1977 | Abb. 24: ReUnion Media/Jörn Feustel | Abb. 26: August von Cohausen; Die Kriegsbaukunst. Darmstadt 1889; Umzeichnung. BfB.